# 二郎故里话今昔

总 主 编　姚洪斌

本册主编　嵇道鑫　袁　鑫

编写人员　汪伟建　尹来成　孙海涛

**图书在版编目（CIP）数据**

二郎故里话今昔 / 嵇道鑫, 袁鑫编著. -- 北京：
北京燕山出版社, 2019.3

ISBN 978-7-5402-5371-4

Ⅰ.①二… Ⅱ.①嵇…②袁… Ⅲ.①文史资料 – 灌
南县Ⅳ.① K295.34

中国版本图书馆 CIP 数据核字（2019）第 060553 号

# 二郎故里话今昔

编　　著　嵇道鑫　袁　鑫
责任编辑　贾　勇　王　迪
封面设计　刘珊珊
责任校对　石　英
出版发行　北京燕山出版社有限公司
地　　址　北京市丰台区东铁营苇子坑路 138 号
电　　话　010‑65240430
邮　　编　100078


字　　数　280千字
印　　张　9.25
版　　次　2019年4月第1版
印　　次　2019年4月第1次印刷
定　　价　27.00元

**版权所有　违者必究**

# 编者的话

  一部神魔小说《西游记》问世四百年以来，让世界知道了西游文化，让孙悟空与二郎神神话人物声名赫赫，几乎没有几人不知道孙悟空的故乡在花果山。然而，提起二郎神的故乡却没有几人知道，各位看官请看《西游记》对二郎神出场的描述：仪容清俊貌堂堂，两耳垂肩目有光。头戴三山飞凤帽，身穿一领淡鹅黄。缕金靴衬盘龙袜，玉带团花八宝妆。腰挎弹弓新月样，手执三尖两刃枪。斧劈桃山曾救母，弹打鋋罗双凤凰。力诛八怪声名远，义结梅山七圣行。心高不认天家眷，性傲归神住灌江。赤城昭惠英灵圣，显化无边号二郎。这首诗既概括了其外貌特征、身世经历，也点明了他家乡住址在灌江。元杂剧《灌口二郎斩健蛟》《灌口二郎初显圣》都点出二郎神故乡在灌口，民国县志记载：数遍九州大地，"灌"字号的地名只有涟水与灌云境内流淌着黄淮下游的一处灌口，这就是我们的家乡灌南所在地。灌南的古今乡土历史流淌着一种神话文化。

  或许有人会问，神话文化有什么意义呢？如果将其仅仅看成是一种很普通的神鬼图腾文化的话，可以说有多少人就有多少种维度的神鬼形象解读，但我们若从考究"二郎神"的传说在灌南流传已久的原因出发，则赋予这种神鬼文化另外一种文脉的诠释——任何神话文学作品都是以深厚的地方史蕴素材为支撑的。据有关专家考证，二郎文化的产生与本地自然灾害有密切关系。古代灌南人民面对自然灾害时，希望有一位水神能够帮助人民消灾，"二郎神"就是人民心目中塑造的战胜大自然的水神。更有专家认为，"二郎神"就是古代帮助人民战胜自然灾害的渔民化身，"二郎神"的兵器就是渔民捕捞的鱼叉，"二郎神"的传说与灌南地区的风土人情相结合，凸显了强烈的地域特色。事实上古代灌南有两大文化——盐文化和二郎文化，而连云港市博物馆馆长李洪甫说："灌南的盐河跟淮盐文化是紧密相关的，因为水神也是管盐，水不顺哪来的盐，特别是在海边滩涂地区，所以盐民也敬仰水神，也希望水神给他带来方便，带来好处。"由此可见，盐文化也属于二郎文化的一部分，我们就会领略到另外一种文化的意义，欣赏到古今灌南不一样的文化风景的机会。

解读到另外一种意义，就会惊讶地发现二郎文化还为西游文化提供一些营养成分。《西游记》中的"二圣斗变"、"斧劈桃山曾救母，性傲归神住灌江"等故事佐证了吴承恩曾深受灌南二郎文化的影响，吴承恩撰文的《明故刘公偕配孙氏合葬之墓》于1979年出土于新安镇（今灌南县城）南3公里的硕湖乡刘园村；北陈集镇有孙姓的旗杆村、县城南与涟水搭界地方有杨姓旗杆村等事实存在都使这些故事更加有籍可查……这些无不证明二郎文化已经渗入灌南地方文化中，同时也赋予地方文化更深厚的底蕴。

与绚烂多彩的二郎文化一样，古代灌南历史文明同样也是多姿多彩的。早在新石器时代，灌南境内就有人类活动；战国时期灌南先后属鲁国、楚国；秦朝实行郡县制，灌南全境属朐县；汉时境内先属朐县，后设海西县，隶广陵郡。据《汉书》记载，西汉武帝太初四年（公元前101年），刘彻曾下诏封李广利为"海西侯"，置海西候国。灌南全境为其领地，食邑8000户。征和三年（公元前90年），李广利降匈奴废侯，遂改置海西县，此为灌南境内最早的建县记载。灌南的一些文人雅士在吟诗作画题书落款时，喜自称为古海西人，当源出于此。

灌南，这个民风淳朴、物产丰盈的地方，是我们的家乡。曾经，我们的祖先在这块古老的土地上辛勤耕耘了几千年；二郎文化的精髓也传承了几千年，二郎神又称二郎真君，就是真君子也。家乡一直流传二郎神传奇，其实就是弘扬二郎文化——正直勇义、孝母仁身、舍身忘我、爱国爱民、光明磊落、淡泊名利、勇往直前、精于谋略、无私无畏等精神，这是高中生成长的必备素质，家乡的乡土资源完全可以成为历史校本教育的重要载体。二郎文化丰实了地方历史，地方历史浇灌了二郎文化，两者紧密相联、水乳交融。现在，我们年轻的一代正需要秉承着他们的勤劳智慧，开创着美好的未来历史。对这片土地，我们心中充满了深深的爱！基于这份感情，作为灌南人的我们，应该多了解家乡的历史，更应该为建设和谐的灌南做出应有的努力。这便是我们组织开发高中历史校本课程的主要目的。历史是已消失殆尽的过去，而现实又是正在活动着的历史。在编写高中历史校本课程教材的过程中，要努力在书中体现时代精神，让其贴近社会、贴近学生、贴近时代，以发挥史学的借鉴与陶冶功能。

另外我们还应该把研究性学习的触角伸向政治、经济、文化、民俗、人口、资源、环境、家庭等各个方面。怀着这样的理念，我们在教材的内容安排上有意地选取了能够反映灌南历史的诸多方面来加以介绍。第一专题介绍海西的地名文化与政区概况，第二专题介绍海西的古代遗址与碑坊石刻，第三专题介绍海西先贤与灌河儿女风采，第四专题介绍海西盐业兴衰与渔业经济，第五专题介绍海西洼地崛起与知名企业，第六专题介绍海西乡土年俗与淮扬名吃，第七专题介绍海西地方神曲与根雕艺术，最后一个专题介绍灌南的文化名片和旅游休闲。

最后，援引海子的一首诗：从明天起，做一个幸福的人／喂马、劈柴、周游世界／从明天起，关心粮食和蔬菜／我有一所房子，面朝大海，春暖花开／从明天起，和每一个亲人通信／告诉他们我的幸福／那幸福的闪电告诉我的／我将告诉每一个人／给每一条河每一座山取一个温暖的名字／陌生人，我也为你祝福／愿你有一个灿烂的前程／愿你有情人终成眷属／愿你在尘世获得幸福／我只愿面朝大海，春暖花开。（《面朝大海，春暖花开》）愿我们面朝大海，看到另外一种文化的底蕴，听到另外一种文化呐喊，想到另外一种文化意义，创造另外一种文化愿景——我们已经学会传承二郎神文化。

《二郎故里话今昔》是在原《海西史话》的校本教材的基础上，接受了开过课的任课教师与学生、学校校本教材专家评估组的老师的建议进行修订，对原来的编写体例进行调整，增加了灌南特色文化的盐文化、二郎文化、地方神曲、淮扬小吃、根雕艺术，具体用一条主线、三条分轴线构成了课程的基本框架，即一条主线：二郎文化滋润了灌南大地上辉煌灿烂的文明，传承二郎文化精神，培养我们热爱家乡、建设家乡的朴素情感；三条分轴线：历史政治篇、发展经济篇、习俗文化篇；全书分为八个章节，每个章节重新由专人负责，具体分工如下：嵇道鑫负责专题一、汪伟建负责专题二、袁鑫负责专题三，嵇道鑫负责专题四、尹来成负责专题五、孙海涛负责专题六、袁鑫负责专题七，嵇道鑫负责专题八，另外嵇道鑫、汪伟建、袁鑫三位老师为审稿做了大量的工作。本组在编写中查阅了大量的资料，参照了山东高密实验中学的校本教材《夷安史话》的部分体例和相似的内容，另外特别要感谢卜星光老人，校本教材大量引用他编写的《灌南文化史鉴》的史料。毋庸讳言，由于时间仓促、资料不足等客观因素，加之我们能力有限，本教材难免会存在错误或不当之处，敬请各位领导和老师批评、指正！

# 目　　录

## 政治历史篇



## 经济发展篇



## 习俗文化篇

# 政治历史篇

中国的神仙体系其实是在两部著作中形成的,一是封神演义,一是西游记, 它们都记载一个共同的人物——二郎显圣真君杨戬。在封神榜中, 杨戬出生的时代是西周, 也就是公元前1047年左右。虽然《西游记》成书的时间早于《封神榜》,然而种种考证表明西游文化的诞生远远迟于二郎文化, 于是"生在90, 长在80的新浪博主"大胆地设想出了结论:杨戬已经成仙三四千年了, 二郎神的上千年历史就是二郎神文化的沧桑历史, 传说几千年的二郎神文化滋润了几千年的灿烂而悠久的古海西政治文明, 丰富的海西历史给当今的灌南留下了许多古迹、文物。

在封神演义中, 年轻的二郎神以救民于水火之中, 投身到武王伐纣的正义战争中, 不畏艰险、不怕牺牲、机智顽强、逢山开路、遇水搭桥、降妖除怪、骁勇善战、攻无不克、战无不胜、保境安民、勇当开路先锋, 终于完成了灭亡商纣的大业。在灾难深重的近代民族危机中, 灌河儿女传承了二郎神的英勇顽强、爱国爱民、勤于任事的精神, 纷纷拿起武器保家卫国, 投身于民族解放事业中。出现了惠浴宇、汤曙红、吴书、周惠等一系列革命英雄儿女投身革命洪流中的为国为民的英勇事迹。

二郎点兵雕塑情景

# 专题一　海西地名文化与政区概况

海西，东夷的陬澨之地，古老的鱼盐之乡，写在两千多年前汉武帝的诏书里，写在东海尹湾汉墓的木牍竹简上。太初年间，汉武帝派遣李夫人之兄——贰师将军李广利，万里远征大宛，订立和好盟约，得汗血宝马而归。汉武帝魂牵梦萦着绝世佳人，爱屋及乌，就封李广利为海西侯，食邑八千户，海西从此名显史册。人称灌南为海西，亦权舆于此。史载：西汉末，海西位列东海郡第一大县。

史如流水，转眼即逝，沧桑海西，何处凭迹？今天，古老的盐河畔，有一个秀丽的海西公园，亭桥水榭，曲径林丘，菊黄时节，一抹残阳斜照金黄的银杏树上，几许幽静，几许隐逸，已成为小城人们茶余饭后的休闲之所。公园的正门前，还矗立着李广利的雕像，曾让多少来客心生怀古之情呢！

## 1.1　"海西"地名渊源

古称海西的官方说法来源于汉武帝征和三年（公元前90年）曾在境内置海西县。这是有史可查的灌南境内最早建县的历史记载，也是该县地方史上最具影响力的历史事件。但是如果我们要考察灌南县境内在汉代海西建县之前的历史沿革，可以发现，灌南地区古称海西早于汉代，境内最古老的地名称谓也不是海西，且海西古称还包括灌南周边地区。海西故城，据《方舆纪要》记载，汉代时属于东海郡。在海州南一百二十里。其遗址当在今灌南县境内，古老相传，距新安镇东南大约十公里，现在新集乡的城头村即是原址。

灌南县域历史悠久，文化底蕴深厚。早在新石器时代，境内就有人类定居，繁衍生息。西汉时（公元前90年）为境内建县之始，中国古代地名大辞典解释："海西县，汉置，晋废，东魏复置，齐周时废，故城在今江苏东海县南，汉封李广利为海西侯，后汉刘永立董宪为海西王，晋桓温废帝为海西公，皆此，按汉书地理志作海曲，钱大昕曰，曲当作西，李兆洛亦谓海曲凛海西之讹。"[①]故灌南又有"海西故国"之称，其"海西"一词的由来，也经历了一段历史演变过程。

---

① [http://www.gg- art.com/dictionary/dcontent.php?bookid=33&name=% BA% A3&keywords=&bookdetailid=26901]

灌南地区最初被称为"东海上"

远古时期的中华大地，天下分为九州，灌南地区隶属徐州。这里的"徐州"和现代行政区划中的"徐州"是完全不同的概念。据《禹贡》记载：徐州之域——"东至海、北至岱、南至淮"。因为灌南地区地处东海（今黄海）之滨，所以在夏商时期灌南地区及其周边地区一直被称为"东海上"；西周时期，"东海上"属于兖州的辖地；春秋战国时期，先属郯国，隶属越地，但时间不长即为楚国的疆域。"东海上"隶属楚国的时间比较漫长，一直到秦代统一全国设立朐县为止。我县的一些业余地方史爱好者认为古海西文化受楚文化影响比较大，有一定道理。

秦代灌南就称"海西"

秦始皇统一六国，天下分为三十六郡，并且首设"朐县"，时灌南地区隶属朐县所辖，先后分属薛郡、郯郡。朐县的范围是很大的，它包括今东海、海州、灌云、灌南等地区以及今涟水县北部地区。古朐县境内有朐山，灌南地区位处朐县和朐山的南部，这也是后世把"朐南"作为灌南县及县城新安镇古称之一的由来，取朐县之南或朐山之南的含义。

在秦代，由于境内以及周边的灌云大部分地区和涟水县北部地区地处东海（今黄海）西侧，所以其原有的地区名称"东海上"在民间逐步被新名称"海西"所替代。

"东海上"具体是在何时被改称为"海西"的？由于史料有限，我们目前还无法找到确切的依据，当然也无从考证。但是我们从现有的史料中可以得出结论，最迟在秦代就有了"海西"的地名称谓。

司马迁的《史记》卷六·秦始皇本纪第六记载：

三十七年十月癸丑，始皇出游……方士徐氏等入海求神药，数岁不得，费多，恐谴，乃诈曰："蓬莱药可得，然常为大鲛鱼所苦，故不得至，愿请善射与俱，见则以连弩射之。"始皇梦与海神战，如人状。问占梦，博士曰："水神不可见，以大鱼蛟龙为候。今上祷祠备谨，而有此恶神，当除去，而善神可致。"

乃令入海者赍捕巨鱼具，而自以连弩候大鱼出射之。自琅邪北至荣成山，弗见。

至之罘，见巨鱼，射杀一鱼。遂并海西。

……

秦始皇在公元前210年十月东巡，曾奉秦始皇令求不死之药的徐福怕因入海求神药，数年不得而遭谴，就骗秦始皇说因海中大鲛鱼所苦而不得至。性格刚烈的秦始皇便带着人马，准备好渔具，亲自乘船下海巡捕巨鱼。从琅邪北至荣成山，一直没有见到大鲛鱼。一直到了"罘"这个地方，才见到巨鱼，秦始皇将大鱼射死，于是就近从海西这个地方上岸。

《史记》中记载的"罘"就是位于今灌云县伊芦乡罘山村的罘山。罘山，在秦代是位于海中的一座岛山。《隆庆海州志》记载："罘山，去州治东五十里。旧志云：秦始皇浮海而还，见巨鱼，射杀于此。""遂并海西"的"并"不是合并的意思，而是"就近、靠近上岸"的意思，"海西"的范围包括今灌云县、灌南县以及涟水县的北部地区。海西这一地域称谓虽然源自民间，但是相沿成俗，官方、民间均予认可，以致史学家司马迁都把它写入了不朽的史学著作《史记》中。

"海西"与"海曲"之误

有一些爱好者认为"海曲"也是灌南县的古称之一，其理由源自《汉书·地理志》中的记载，其实这是一种误区。

《汉书·地理志》中记载的"海曲"，一是指的是今天的山东省日照市，与灌南地区无关；另一个是指我们的灌南、灌云等地区，但这是作者的笔误或讹传。对此，清代江苏的两位训诂学家钱大昕（嘉定人）、李兆洛（常州人）都给予了考订、纠正。钱大昕曰：曲当作西；李兆洛：海曲凛海西之讹。

"海西"的县治在灌南

从《史记》中对海西的记载可知，在汉代建县之前的秦代，海西地区所涵盖的范围也包括今灌云地区。到了汉武帝时期正式设立海西县，今灌云县的大部分乡镇已"划归"海西县管辖，只有北部少数乡镇仍属朐县管辖。到了东魏孝静帝武定七年（公元549年），首设海州于龙苴（今龙苴镇），统辖6郡19个县，灌云县境为东彭城、海西、东海3郡的领地，由此可见仍然有部分灌云地区隶属海西。但古海西县的县治在今灌南县境内。

灌南邻近的涟水县古称有很多，而"海西"也是他们众多的古称之一。涟水古称海西，不仅与涟水北部地区曾经是古海西的一部分有关，还与涟水曾经是古海西郡的郡治所在地有关。

东魏武定七年（公元549年），原北东海郡改为海西郡，治所涟口（即今江苏涟水县涟城镇北郊），辖襄贲、海西、临海3个县，但时间不长，到了北齐又改海西郡为海安郡，至隋代开皇三年（公元583年），废海安郡，辖地并入海州。就是说，古老的海西，不仅有县级建制的历史，也有地级建制的历史。而在涟水境内历史上曾经设立的海西郡（海西县隶属其管辖），毕竟时间太短，在涟水县的历史上连浪花一瞬都不到，几乎可以忽略不计，所以涟水人并不把海西作为自己的主要古称，只有一些文史工作者才把海西作为涟水的古称之一。

古海西县的县治位于今灌南县境内的新集乡塘河村城头，是灌南人的骄傲，把海西作为灌南县的古称，最科学、最合理，也最具说服力。只是把灌南古称海西源于汉代曾在境内设立海西县的说法不全面、欠科学。准确地说，灌南县之所以古称海西，是因为境内在古代地处东海（今黄海）的西侧，秦代就被称为海西，汉代又在这里设立了海西县。

## 1.2　海西政区沿革

### 政区变革

灌南县域历史悠久，最早可追溯到距今两千多年前的西汉时期。据《嘉庆重修—统志》记载，汉武帝太初四年（公元前101年）曾在海州之南一百二十里置海西侯国，为贰师将军李广利的封邑。征和三年（公元年前90年），李降匈奴废侯，遂改置海西县，属东海郡，后汉属广陵郡。

明洪武元年（1368年），淮安府设莞渎场，监收盐税，今莞渎即盐课司驻地。洪武三年（1370年），立张店镇，领州南7镇，惠泽巡检司驻于此。崇祯九年（1636年）将张店镇之南的悦来集，正式命名为新安镇。乾隆五十八年（1793年），巡检司迁新安镇，隶属海州直隶州。

辛亥革命后，在东海县南部设立灌云县。今灌南县以北地区均属其辖地。1941年冬天，中国共产党在此设立灌东办事处。灌南县组建后，属江苏省苏北人民公署、淮阴专属和淮阴地区行政公署。

1983年江苏省实行"市管

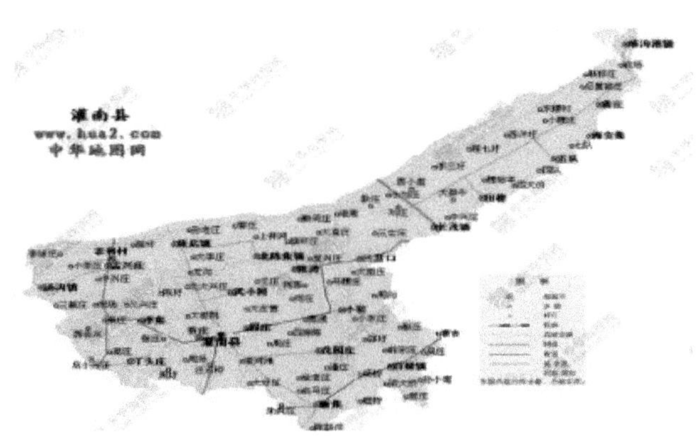

县"体制，灌南县隶属淮阴市。1996年7月19号，经国务院批准，改属连云港市。①

## 乡镇风采

### 1. 灌南现今政区概况

灌南县位于江苏省北部海滨城市——连云港市的南大门，是位于长江和沿海两大经济带交汇处的一座水绿新城。地处北纬33°59′至34°27′、东经119°07′至119°48′之间。濒临黄海，西与宿迁的沭阳县接壤，东、南与盐城的响水县和淮安的涟水县相连，北隔新沂河与灌云县相望，位于四市交界之处。东西最长直线距离71公里，南北最宽30公里。全县版图面积1029.88平方公里，耕地面积89万亩，水域40.37万亩。土质肥沃，水源充足，四季分明，是江苏省10个高光照县之一。县域地势南高北低，西高东低，东部2.0米，地面坡降1/18000，由西南向东北逐渐倾斜。地形西宽东窄，宛如镶嵌在黄海之滨的一把金钥匙，正在开启海洋经济发展的财富之门。

全县有10个建制镇、1个建制乡，221个行政村，17个社区居委会。全县户籍总人口80.34万人，其中男性42.54万人、女性37.80万人，户籍男女性别比为112.56（以女性人口为100），人口密度772人/平方公里。

以下是各乡镇基本情况：

新安镇：新安镇始建于明隆庆六年（1572年），是县政府驻地，南与淮安市涟水县灰墩镇接壤，镇域面积144平方公里，耕地面积13.43万亩，辖29个行政村、4个社区居委会，17.4万人，"全国一村一品示范镇"、"国家级生态乡镇"。

李集乡：李集乡位于县城西郊，环抱县经济开发区，宁连高速、236省道纵贯南北，235省道横贯东西，盐河、六塘河穿境而过。辖20个村和1个社区，总面积88平方公里，耕地5.1万亩，7.1万人。万圩粉丝等优质无公害产品畅销省内外。

孟兴庄镇：孟兴庄镇位于灌南县西北部，新沂河南岸，北与灌云县隔河相望，西与沭阳县紧密相连，总面积72平方公里，耕地面积5.68万亩，辖20个村，6.03万人。境内地势平坦，水陆交通便利。素有苏北"林木之乡"的美誉。

---

① 灌南县：百度百科　　http://baike.baidu.com/view/119360.htm。

新集镇：新集镇位于县城正南方，是连云港南大门西、南分别与涟水县义兴、五港镇隔河相望。总面积119平方公里，耕地面积7.7万亩。辖26个村，1个居委会，7.2万人。拥有淮牌韭菜、淮山药、"贵生缘"牌草鸡蛋、"悦城"牌獭兔等省级无公害农产品。

百禄镇：百禄镇位于连云港、盐城、淮安三市交界处，是苏北物流商贸主要集散地。总面积107.5平方里，耕地面积6.62万亩，辖24个村，6.7万人，是"杨木之乡"、有机浅水藕生产基地。"百禄"牌套肠和"小窑"牌肉圆曾是清乾隆时贡品。

汤沟镇：汤沟镇地处连云港、宿迁、淮安三市结合部，河流纵横，道路通达，东距宁连高速20公里，西离沪宁高速30公里，总面积33.8平方公里，耕地2.13万亩，辖8个村，2.96万人。汤沟镇是"美酒之乡"，汤沟酒畅销海内外。该镇还是省级中心镇、江苏百佳镇。

张店镇：张店镇位于县城北15公里，是灌南县北大门。盐河、灌河交错其内，宁连高速纵贯其中。总面积56平方公里，耕地面积4.79万亩，辖12个村，1个居委会，4万人。素有"苗猪繁育之乡"的美誉，"锣鼓"牌西瓜闻名遐迩。

北陈集镇：北陈集镇位于县城北6公里，东接204国道，北毗宁连高速、淮连一级公路穿境而过，北与灌云县接壤，是农业产业大镇、工业发展新镇、西游文化名镇。总面积58平方公里，耕地面积4.73万亩，14个村，1个居委会，4.17万人。

三口镇：三口镇位于县城东北部，距县城21公里，东南与响水县交界,南濒一帆河，北临灌河。总面积87平方公里，耕地7.94万亩，辖18个村，3个居委会，6.5万人,素有"食用菌之乡"、"淮山药之乡"等美誉，是"省放心消费示范地"。

田楼镇：田楼镇位于灌南县东北部，南与响水县隔灌河相望，北邻新沂河。镇域面积109.1平方公里，辖25个村，1个社区居委会，7.7万人，耕地8万亩。灌河风光带及市三星级乡村旅游示范点成为新农村建设的新名片。被列为市城乡统筹示范镇。

堆沟港镇：堆沟港镇地处全县沿海开发前沿，东濒黄海，南依灌河，北枕新沂河，距沈海高速8公里，距204国道15公里，三面环水，素有"灌河半岛龙头"之称，辖27个行政村，4个居委会，总面积155.48平方公里，8.6万人。

工业发展迅速，特色农业初具规模。

　　2.灌南自然地理概况

　　灌南地势西高东低，地形西宽东窄，状如一朵绽开的喇叭花。灌南县淡水、海水资源丰富。海、淡水交汇更是独具特色。境内有14条淡水主干河，长380公里，与大、中排灌系统织成灌溉、排涝、蓄水、航运网络，可充分满足工业、生活用水。丰富的水资源形成的40多万亩水域，可进行多种水产品养殖。全长74.5公里的灌河，是江苏省唯一没有建闸的天然入海河道，可与德国莱茵河媲美，是河运、建港、造船业的黄金水道。东部的黄海海域是捕捞、海水养殖和化工制盐的天然场所。海、淡水交汇处的水产品风味让人称奇。灌南土地为海水冲积平原，土壤集海、陆多种微量元素于一体，所出产的农副产品微量元素含量丰富，具有独特风味，富有营养。全县地势一马平川。现有耕地分5个土属，16个土种，土壤肥沃污染较少，是建设绿色生态农产品的理想之地。

　　灌河位于连云港市南端，是苏北地区最大的入海潮汐河流，是唯一没有在干流上建闸的黄金入海通道。干流全长74.5千米，一般河宽350米，水深7-11米。内可以经盐河、京杭大运河通达长江、淮河，外可以直通黄海、东海、渤海、南海四大海域，与日本、韩国通航，具备海河相通、河河相通、江河相通、河陆相通的良好输运条件。由于其重要的地理位置和优越的资源优势，专家称灌河可与德国的莱茵河、英国的泰晤士河媲美，是"苏北的黄浦江"。流域面积大约8000平方公里，包括连云港、盐城、淮安、宿迁四市的灌南、灌云、响水、涟水、沭阳、滨海、阜宁、淮阴、泗阳、宿豫等10个县区，约1000万人。

　　【气候特征】属温带季风气候，温和湿润，四季分明，年平均温度13.8℃，最冷1月份平均温度为 - 0.6℃，最热7月份平均温度为26.9℃。全年无霜期212天，年降水量约660毫米。冬季多偏北风，气候寒冷干燥，正常年景少雨雪，春季雨量偏少，有寒流。夏季时有冰雹，7、8、9三个月盛行东南季风，雨量充沛，偶有台风、暴雨、龙卷风出现。

　　【农产品资源】灌南是典型的农业县，资源优势十分丰富，除了优质林木、优质稻麦、优质棉花三大主产品外，淮山药、浅水藕、食用菌、线椒、鸭蛋、粉丝、螃蟹、苗猪等特色农副产品在省内外市场上享有较高声誉。

　　【生态环境资源】得天独厚的自然地理条件，造就了灌南优越的生态环境资源，国家级生态示范区的创建，更进一步优化了生态环境。遍走灌南大地，林木葱郁，空气清新，"白天不见村庄，夜晚不见灯光"，堪称一座天然的森林公园。横跨县域东西的十万亩沂河淌，是灌南的又一大独特景观和生态资源优势，绿草如荫，牧羊如云，放眼望去，仿佛置身于内蒙古大草原。万亩无公害蔬菜经济带和百万只食草动物养殖区，给沂河淌又带来了蓬勃生机。

【水资源】由15条干河组成的河流网络，使灌南县穿江达海，帆樯林立。堆沟港背靠大海，总揽百川，是串接海河的明珠海港。被称为灌南"母亲河"的灌河，两岸风光旖旎，景色秀丽，与武障河、六塘河等五水交界处的武障河生态园，碧水蓝天，林木葱郁，田园乡土气息十分浓厚，是有待开发的旅游、休闲资源。境内拥有15万亩水面，鱼鲜蟹肥，香藕满塘，是发展水产养殖和水生蔬菜种植的优势条件。灌南地下水储量丰富，水质优良，是城乡居民的健康之源。

【土地及存量资产】县内土地资源丰富，价格低廉，是经商办厂、开发利用的基础条件。近几年来，通过一些中小企业的改制和转向，形成了2亿多元的企业存量资产，可以通过租赁、出售、合作等形式，发挥应有作用①。

 课外阅读

1. 关于灌河口二郎神的传说

二郎神神话传说源远流长，较为权威的版本是："二郎神杨戬，道教俗神，天庭大将，玉帝的外甥，变化无穷，神通广大，肉身成圣；早年劈山救母，视天界兵将如无物，受封清源妙道真君；又助武王伐纣，助孙悟空降服妖魔，为唐僧西天取经"给力"，再封昭惠显圣仁佑王。王母甚为疼爱二郎，但二郎与舅舅玉帝不和，故不愿住在天界，而在下界受人间香火，率领梅山六怪及麾下1200草头神驻扎灌江口，与玉帝立约"听调不听宣"。他在驻地显圣护民，斩健蛟、治水害，凡人间生灵灾难，呼其尊号必往救。"《辞海》中注："二郎神，神话人物。小说《西游记》《封神演义》及戏剧《宝莲灯》等俱有引用。……小说称二郎神，名杨戬，住灌江口。"——张名艾《话说二郎神与灌河口》

2. 海西古镇

灌南历史悠久，文化底蕴深厚。古镇则是其悠久历史文化的一个缩影，灌

---

① 灌南县：百度百科　http://baike.baidu.com/view/119360.htm。

南历史上曾经有八大古镇，分别是海西故城，茏漕蒲镇、新安古镇、张家店镇、汤家沟镇、陈家集镇、三岔口镇、和百禄沟镇。其中海西故城和茏漕蒲镇随着时代的变迁，已经渐次淡出人们的视野，而像新安古镇、汤沟古镇等名镇至今仍然散发着其独特的魅力。下面仅就新安古镇和汤沟古镇作一简略介绍，全当管窥灌南历史名镇之一斑。

（一）新安古镇

新安古镇，始建于明嘉靖末年，初名悦来集。扩建于明隆庆六年（1572年），建成于明万历二十四年（1596年），崇祯九年（1636年）定名为新安镇。迄今已逾四百年历史。历史上的新安镇曾是淮北盐运、柴运的重要口岸和淮海东部南北交通咽喉，因此又成为兵家必争之地，屡经战火的洗礼。新中国成立时已经是一片废墟，现在的新安镇，是1958年设立灌南县后重新改造建设成立的。

新安镇位于旧海州府南面，西有古硕项湖，东有古茏漕蒲镇盐场，官河（今盐河）与古关头河汇聚于此，原本河港交叉，芦苇丛生，是一片荒凉之地。明洪武年间，从江南来了一批移民，在此地圈地开始垦殖，安家立户。以后人烟渐次增多，被编入海州户籍，成为原住居民。明朝嘉靖年间，又有一批徽州客商来硕项湖畔开始经营渔场和盐米生意，生意红火，人口也随之增多。

（二）汤沟古镇

在连云港地区，谈起美酒，我们就不得不想起汤沟这个名字。"南国汤沟酒，开坛十里香"的佳句使得这个古老的镇子名扬四方，以汤沟命名的汤沟美酒成了连云港市人民的一张靓丽名片。汤沟镇是中国历史文化名镇，该镇沟湖密布，水甜土香，自古物华天宝，人杰地灵，钟灵毓秀，商贾云集，豪情风流，繁华无限。

据史料记载，汤沟是历史上的地震陷落地带，秦时曾发生过一次强烈地震，这里遂陷落成一片汪洋。宋朝以前称"大三湖"，"硕获湖"，宋元时期将其东南改称"硕项湖"，西北改称"桑墟湖"。汤沟当时就形成于两湖交界之处。后因黄河多次改道入海，泥沙在此屯积，地势逐渐增高，宋代以后遂使原来的大湖渐成水陆相交、沟湖密布、水甜土香、物产丰富之地。所以，这里当年湖洼相连，野草丛生，湖鱼聚集，燕莺争相在此栖息繁殖。故汤沟素有"燕莺窝"之美称，后称为汤家寨。天翻地覆间苍天神工鬼斧造化的一泓微香甘爽、传奇灵异的"香泉"也随之悄然出世，逐渐展露出奇绝亮丽的风华。古时这里有一条通往古硕项湖东西走向的天然无名大沟，当时居于沟北侧的移民多以汤姓为主，因称之为"汤沟"、"汤家沟"。"汤沟村"也由此得名，以盛产驰名中外的"汤沟酒"著称于世。由于该镇驻地汤沟村，且汤沟村知名度在本镇各村中最高，其传统名产"汤沟酒"享誉天下，故名汤沟镇。历史沿革：据《嘉庆海州直隶州志》载，汤沟，原名汤家沟，又名汤沟。明时属淮安府海州管辖，清属海州沭阳县韩山镇。民国时，位于涟水、灌云、沭阳三县交界处，属沭阳县第五区。解放后划入灌云县曙红区，1958年成立灌南县时，划入白皂乡，1981年6月，由白皂、孟兴庄两公社西部部分大队析出，成立汤沟人民公社。1983年三月镇社分设时更名汤沟乡。1985年10月撤乡设镇。汤沟自古以酿酒闻名，这里东近大海，气候温热，雨量充沛，自然条件得天独厚，特别适宜酿美酒，尤其是传奇灵异的"香泉"水，我国源远流长、誉满天下的传统名产、历史文化名酒——汤沟酒即产于此。酿酒业是汤沟的支柱产业，全国知名企业汤沟两相和酒业有限公司坐落于该镇。

以上叙述了新安古镇和汤沟古镇的情况，这两个古镇是灌南悠久历史文化的一个缩影，充分展现了灌南作为一个有着浓郁地方特色文化的古老县城的魅力。

### 3. "海西"名人轶事

#### 李广利与海西侯国

据史料记载，西汉武帝酷爱西域大宛国所产良马，曾派使臣以重金索购未果。使臣回报称大宛国良马藏在贰师城中，不肯奉献。汉武帝乃于太初元年（公元前104年），封李广利为贰师将军，发兵数万去征伐大宛，历时三年，终杀大宛王，大破贰师城，夺马三千匹，其中良马有数十匹归来。为表彰李广利的功劳，在太初四年，特封李广利为海西侯，建海西侯国于现今灌南境内。后来李广利征匈奴失败投降，海西侯国被废掉，改名为海西县，隶属于东海郡。[①]

#### 董宪与海西王

新莽末年，天下大乱，西汉梁孝王八世孙刘永的父亲为王莽所诛杀。刘玄继位后封刘永为梁王，建都睢阳。刘永闻更始政乱，于是聚众起兵，招揽各路豪杰，攻下济阳、沛、楚、淮阳、汝南、从绵等28个城市，当时东海人董宪也起兵讨伐并占据东海郡，刘永闻讯，遣使拜董宪为翼汉大将军，与其连兵，后

---

① 卜星光：《灌南文化史鉴》，新疆柯文出版社，2005年11月第1版，第21页。

来更始战败，刘永自称天子。汉光武刘秀建武二年（公元26年），遣虎牙大将军盖廷，率兵讨伐刘永。建武三年，刘永遣使立董宪为海西王。新莽末年，南宛县吴汉投归刘秀，任大司马，封广平侯，转战各地，到处镇压农民起义。建武五年，吴汉军队把董宪包围在朐县，次年，攻下朐县，董宪的妻子和孩子也被俘获，董宪占据郯城进行抵抗，后因寡不敌众欲投降吴汉军队，后被其军队的校卫韩湛所杀，海西遂平。[①]

## 刘备与海西

东汉时，海西属广陵郡。汉献帝兴平元年（公元194年），刘备屯兵下邳。二年，吕布为曹操所败，投奔刘备，居于小沛。袁绍进兵广陵，刘备为保卫广陵发兵至淮上，与袁绍展开激战。此时袁绍暗中致书吕布，相约共同攻打刘备，许诺成功后给吕布军粮米二十万斛。吕布贪利，遂发兵下邳，虏获刘备家小。刘备兵败淮上，北走屯兵于海西，陷入困境。当时东海大户竺糜芳闻讯，携带白银二十万两和两千人前来慰问刘备，并把自己的妹妹献给刘备，以结婚盟，希望共图大业，后来吕布因为袁绍并未兑现承诺，而后悔偷袭刘备，又派车马迎回刘备，以刘备为豫州刺史，居于小沛。后来刘备取得益州后，拜竺糜芳为安汉将军。

刘备屯兵海西虽然时间不长，但也在海西这块土地上留下了许多历史遗迹。在今天陈集、大圈、新安三乡有个九里十八墩，从中出土了一些瓷器、铜器、铜镜、护心镜、铁枪头等物，后来经江苏省的文物专家鉴定，皆系东汉时文物，认定九里十八墩为汉墓，这与当时刘备大军屯兵于此是有关联的。[②]

## "海西古国"消失

南北朝时，海西这块地方属于刘宋临淮郡（今天泗洪）。后来，由于战争不断，海西这块地方虽属边远地区，但也动荡不定，归属不明。东魏武定七年（公元549年）又设海西郡，北齐、北周时，建制不明。隋朝时建制属于涟水县，北宋改设涟水郡。宋徽宗时，山东梁山农民起义，李逵曾经血战涟水郡南寨，从此便拉开了涟水郡宋、金、元连年战争的序幕，人民流离失所，家园尽毁，至于海西古国何时消失，则成为一个谜，相关史料均无记载，民间也不闻传说。

新中国成立后，新集乡城头村发现了海西古国的遗址。古城遗址现在灌南

---

①②卜星光：《灌南文化史鉴》，新疆柯文出版社，2005年11月第1版，第22页。

县梨园、于桥、施大庄等周围四十五平方公里的境内。深度一般为两米左右，上层土质，为五花混合土，下层为黑土，挖出的古城砖，宽约为一百四十厘米，出土文物有东西排列的粮囤二十多个，粪塘十多个，砖棺八个，还有木船，瓷枕、铜钱等物，还有一块刻有"匡胤"二字的石刻。这些历史遗迹的发现验证了海西古国曾经的辉煌。

目前，位于灌南县城新区的海西公园，其名字的命名就受海西古国文化的熏陶，带有纪念意义。海西，这个令人神往的名称现在已经形成代表灌南的一张历史名片，也凸显了灌南丰厚的文化底蕴。

 ## 活动与建议

1. 你知道灌南的地名来历吗？你所住的村庄和乡镇叫什么名字，请了解并讲述一下这些名称的来历！

2. 说出你所住的村庄及乡镇在灌南的位置，并考察其人口状况和行政区域变迁情况，撰写考察报告。

3. 简述明清、民国与新中国成立后的灌南行政区沿革史实。

4. 阅读新安镇，汤沟镇等古代名镇的发展历程，简述如何做好古镇保护工作，并使得古镇在现代社会中发挥应有的作用。

## 专题二　　海西古代遗址与碑坊石刻

灌南建县时间虽短，但存在的历史却很悠久。二郎文化也留下了多处二郎神庙的遗址，为后人寻访二郎神传奇提供了一些依据。灌南县的文化古迹从上古时代到秦汉以后，各个时期多有遗存，如古城垣、古道路、古墓祠等，具有重要的历史文化价值。据说，早在新石器时代，境内就有人类活动过。据《汉书》记载，西汉武帝（刘彻）太初四年（公元前101年），曾下诏封李广利为"海西侯"，置海西侯国。灌南全境为之领地，食邑8000户，以今新集乡城头村为中心的一大片土地就成为古海西的都邑。征和三年（公元前90年），李广利降匈奴废侯，遂改置海西县。此为灌南境内最早建县的记载。从灌南县文化局了解到,目前我县发现各类古迹遗址19处,20世纪70年代末发现的龙沟汉居民遗址、大庙汉墓群和新集乡城头村古城头遗址就是最好的证明。

### 2.1　古迹遗址

#### 二郎神庙遗址

我县二郎神庙遗址共有三处，灌南县百禄镇古灌口、新安镇武障河南河堆上、北陈集镇旗杆。从历史演变角度看，最早是百禄镇古灌口的二郎神庙，史载位于灌南地区百禄镇古灌口附近的二郎显圣真君庙，是由元代当地老百姓自己掏腰包集资兴建的，常年香火不断，诚惶诚恐地供奉，元代还有描写二郎神的杂剧等文学作品，而那个时候，今天的灌河口尚未形成，当时也没有灌河口或者灌江口这个地名（尽管那时有灌江的称法）。《明史》（第07部）河渠志二记载："开桃源黄河坝新河，起黄家嘴，至安东五港、灌口，长三百余里，分泄黄水入海，以抑黄强。"百禄的灌口，元代为海防要地和通商口岸，因为那时响水大陆还没有完全形成。须知黄河南迁夺淮使灌河逐步向东推移，黄河泥沙不断淤积使得海岸线不断东移，南潮河就是灌口向东伸展的河道。南潮河是古代淮阴、涟水一代故黄河、淮河泄洪的一条重要通道，是黄河水、淮河水历年泛滥逐步冲击形成的的产物。大自然竟然如此奇妙！古南潮河经我县百禄，再经今响水小尖，改东北流向，至响水陈家港竟与北潮河（今天的灌河）汇合成一处入海，于是在响水县灌河口南陈家港也有一处二郎神庙，陈家港本名就是二圣港。目前二郎神庙遗址都不存在真正的庙，北陈集镇旗杆村二郎神庙的基座依然清晰可见，现在县政府在武漳河南河堆上建设二郎神文化遗址公园。

## 龙沟汉居民遗址

位于县城新安镇北12公里的龙沟河闸附近。面积约120万平方米，该处大面积现属张店立新村二组，三分之一在龙沟闸西新挑河内。在闸身两边河的断面1.5米的黑土层中，布满了砖瓦瓷器的碎片、文化层厚达三米，在两边翻起的河堤上各种陶片俯拾皆是。每逢落潮和枯水季节，各种器物陶片残留滩上。在离北岸20米处有一排陶井露出水面。出土的陶器有罐、壶、盆、瓮、石桩础、陶井圈、瓦当、灰陶拍等物，陶片大部分是绳纹、网纹、布纹、几何印纹、羽钱纹、回纹形的纹和卷云纹等，质地大多是硬陶、灰陶和少量红陶。从器形和纹饰看，大多是西汉遗物，少量是东汉晚期和解放前的遗物。1984年文物普查中，县文物普查小组来到龙沟，村民组长孙如选和村民说了一些当时挑河情况；村民孙汝刚从家中拿出三个不同样式的汉陶罐和石柱础。孙汝能从水中捞起在建闸挑河时挖出的石刻武士画像石一块，许多小朋友也主动献出在附近出土的五铢钱、关两钱、从而进一步证实这里是一处遗物丰富的汉时古人聚居的遗址。

据《嘉庆海州直隶州志》记载，在汉武帝征和三年（前90年）曾在州南120里处建置海西县，应在灌南境内，在灌南张店附近发现大批汉墓，在龙沟发现汉居遗址，有瓦当的出现，可能不是庙宇，便是官衙的存在，这便打破关于明代灌南才有人类居住的说法。把灌南人们在这里聚居生活向前推进了一千多年。据考古专家鉴定，这里是一处内涵丰富的文化遗址，对研究古海岸的迁移也有一定价值。

## 新集乡城头村古城遗址

位于灌南新集镇东北部，据《嘉庆海州直隶州志》记载，汉武帝太初四年（公元前101年），置海西侯国，是贰师将军李广利的封邑。征和三年（公元前

90年）李广利投降匈奴，汉废侯改县、属东海郡。建安初先主刘备，为保广陵与袁术战败，屯兵海西至此，东魏武帝七年（公元549年）时置海西郡，隋废，历589年。据《中国人民共和国历史地图》第二册36页所标遗址，在今灌南县新安镇东南约10公里处的新集镇境内城头村。

经实地考查，城头古城遗址的范围较大，南起新集乡的杨花、梨园，北到于桥、花园村边境，东至一帆河，西到施大庄。周长十七公里，面积三十五平方公里，文化层积厚度两米左右，上层为五花土。

在此区域内，先后出土文物有土石磙、石碓臼、砖棺、粮囤近20年，东西排列。粪塘10几个，东西排列，另外有锅灶、土缸、盆碗、瓷枕、木船、铜钱、坛罐等物。并曾挖到砖墙，南北走向，墙宽140公分，还有城墙砖，石头路面，宽三米，和上刻"匡胤"字样片石一块。由此可见海西故城可能毁于北宋时的大水灾。这只是挖沟塘点线出土文物，而整个故城地下，必还有很多文物留存。县文物局明文重点保护。城头古城遗址的发现，为研究灌南历史的变迁沿革提供了极珍贵的资料。

### 上下马台唐遗址

上马台唐遗址位于张店镇马台村，在义泽河北岸的大李庄，据传说唐李世民东征，大将罗成领兵驻此，筑了上马台、下马台和南马台，占地面积约一万平方米，文化层厚度1.5米至2米，地面散布有唐宋时陶瓷片，经常出土唐半挂釉陶瓷器。

下马庙唐代遗址位于新安镇（原大圈乡）宋庄村二组的小宋庄（原名下马庙）。占地面积约一万平方米，是唐代文化遗址，该地土质为黑色碱土，遗址内涵丰富，20厘米耕土层下可见到唐宋时期的遗物，地表可见到唐宋时期青釉瓷、影青瓷、刻花、印花素白瓷、元青花等瓷片标本。相传为纪念唐代开国元勋罗成单骑救驾马陷淤泥河而死，在此建下马庙的，几经历史沧桑，虽庙已荡然无存，但这一遗址发现对研究唐代时期这里经济、水利、文化，将起到一定作用。

 读一读

传说一千多年前，唐太宗李世民曾率领尉迟恭、程咬金、罗成等名将，御

驾东征，在海州与敌大战。在一次战斗中，李世民失利，与将领失去联系，不幸马陷淤泥，后面追兵将至。正在这危急关头，罗成匹马赶来救驾，李世民才得救脱险，而罗成却马陷淤泥河，壮烈而死。李世民为纪念他，便在罗成献身之地建起下马庙，要求人们经过都要下马叩拜。还建起了法宁寺、关帝庙等。武则天于垂拱四年（公元688年）开掘盐河。从法宁寺东侧经过，以便祭拜罗成。

## 昌姬王殿遗址

位于北陈集镇王口村，昌姬王殿，相传唐代时有个昌姬因战乱到此称王故名，面积约两万平方米，现整个遗址，为一长方形土台，高度约70厘米，文化层厚达四米。在该遗址范围内的地表上即可检到唐宋时期的陷瓷碎片标本，在遗址附近经常挖到砖石墓，出土文物有半挂釉陶资器、铜镜、幅花等，在离地表约50厘米深处，可挖到砖铺地面，砖规格为34×16×4.5厘米的长方形扁砖，上面铸有阳纹一寸见方的"官"字款。在遗址的西南、东北约五百米处，各有一个面积约1万平方米的前花园和后花园的遗址。相传为昌姬王游乐的地方。向西有一条御马路、两边有南、北马台，南有惠子河，北有惠子岭，西北有看花墩、东薄海。构成了这地方神秘莫测的世外桃源，是不见经传的百里小王宫。

## 灌南汤沟镇惊现契丹庄遗址

2008年11月，灌南县博物馆的文物考察人员在第三次文物普查的过程中，在汤沟镇汤沟村意外地发现了一处契丹庄遗址。该遗址位于古屯河的南岸，地势高峻，处于高岭地带，是汤沟镇海拔最高的地方，古屯河两边遍布神态各异的砂礓，古村落、古河道、古遗址，交汇成一幅风景优美的原始生态环境。据了解，汤沟酒起源于北宋年间，以其"入口柔和，清澈透明，余香较长"的独特风格而闻名于世，是我国享有盛誉的历史名酒之一。新中国成立后汤沟酒多次在国家级评比中获奖，并跻身于中国十大名酒之列。而据考古专家介绍，契丹人属于少数民族，唐朝时期曾大举侵略中原，占领部分领土，而其盛行的"马上文化"与酒有着密切的关系，距今约有1300多年，契丹庄遗址的发现，将灌南县汤沟酒的酿造史，至少向前推进了300年。

## 莞渎场镇遗址

为莞渎河下游东南岸的莞渎镇和莞渎盐场，是天赐盐场的所在地。莞渎场镇是元、明时期沿海一带重大产盐地之一，场镇设在现在的花园乡潘刘村、莞渎村一带，占地约十万平方米，在这一带经常出土宋、元、明时期的遗物。据《嘉庆海州直隶州志》记载，元朝成宗元贞元年（1295年），置盐使改设司令、司丞，莞渎场设司令一员，从七品；司丞一员，从八品；管勾一员，从九品；属两淮都转运盐使。莞渎场司令潘承事，司丞万进义，管勾王姓，以盐产收盐税。

该场管辖范围较大，水路交通方便，东薄海，西抵太湖、南带遏蛮河，北拒庐石山（即伊庐山），东西宽60里，南北长100里。横贯莞渎蒲镇的莞渎河，是海州东南的重要渡口，东通白卤沟（百禄）、小尖、潮河口，直下大海；南通五港、涟水、两淮。洪武九年（1377年），河上建一座莞渎蒲镇大石板桥，还设有莞渎摆渡口。

明洪武二十七年（1399年），副使茹理重建莞渎盐场官厅三间、卷房三间、后厅三间、门楼一间、廨舍（即官吏办公室）两所，并兴建莞渎庵、上真观、东岳庙和其他殿、堂、馆、社。时外地商贾云集，繁华兴盛。乾隆元年（1736年）由于海水淡化，失去晒盐功能，而且场镇裁撤，场镇残存划归中正管理。因而具有600年兴衰的场镇到清末，已消失为今天的潘楼村、莞渎村了。

## 武障河滚水石坝遗址

1978年盐河从武障河至义泽河段进行清淤疏竣工程，在武障河北约0.5公里处的盐河东岸，发现大批长方形石料和梅花桩，其中的一块石料上有这样一段双线刻行楷铭文："钦命管理江南河库道按察使司佥事，记录十次，前管理桃园县河务同知，任内臣何渭承修。"石料的另一头刻有梅鹿、蝙蝠、如意等图案。石料长150厘米，宽41厘米，厚32厘米，重约千斤。

《淮安府志》卷二十职官表中，有"何渭于武障、义泽、六里各设滚水坝五十丈"的记载；清《海州文献录》卷三（水利）中有这样的记载："两江总督尹继善言：盐河南北横截130余里，西有六塘，南北两股之水穿过盐河由武障、义泽、六里等河归北潮河入海，因蓄水济运盐柴，三处俱各开引河筑草坝随时启闭，但六塘河数百丈之水奔腾出来，三坝口宽不逾十丈，即及时开放，亦宣泄不及，同时请于武障、义泽、六里三河口各设滚水石坝数十丈，高于河底五尺，底于民田一尺，水满则泄，水平则止，既利民田，亦无妨运……。"乾隆十一年（1746年），"谕淮、徐所属州县连年被灾，查该处地形实属低渍，而海州为众流入海之区，较他处为甚，历年经理河务，凡疏通宣泄之务，俱随其形势挑挖。前经巡抚陈大授告称南北六塘入潮河之水，尽由沭阳、海州入海，宣泄不及，以致成灾，圣准在开障、义泽等河头筑建滚水石坝。"据家在武障河头的吴姓农民反映，1978年疏浚盐河时，在挖出的石料中，有一块石牌，落款为乾隆十三年谷旦，可见此石坝为乾隆十一年兴建，十三年完工。由于近年来在武障、义泽河上建闸而河道移位，1978年疏竣盐河挖到的仅仅是滚水石坝的河头，大部分坝身仍埋在土下。

## 汉古墓葬群

大庙古墓群位于灌南县城东北十二公里处的大庙遗址附近，分布着众多的土墩，有九里十八墩的传说。经调查确认为汉时的墓葬。目前还能看到的土墩，大庙南至吴圩苗圩有五座。大圈有七座（陈庄村三座、苏口村一座、龙沟村二座）。张店镇有七座（白果村二座、南闸村一座、孙庄村二座、沂河淌二座）。北陈集镇有六座（中学后两座、安林村一座、上林村一座、海防村一座、孙庄村一座）。这些墩的排列走向是有一定规律的，由南向北形成两条直线。一条顺着张店乡的盐河西岸，一条横穿北陈集、大圈、苗圩、吴圩。墩与墩之间，都相隔500至1000米，土墩的土质都是带颗粒的灰黑土，并有小砂礓混合在里面。墩表面的碎陶片多是绳纹灰陶。这些墩大的占地二十多亩，小的占地一亩左右。现在这些墩，多数被整地平掉了。大的土墩高约5米，小的1米多，从墩内出土的文物来看，钱币都是半两钱、五铢钱。陶器大多是灰紫硬陶，有的外挂瓷釉。墓穴大多是35×45厘米的扁方砖砌成的。有的是大青条石砌成的。特别是张店白果村二组的南墩，出土的陪葬陶罐、壶、瓦较多，已征集到的六件，都是典型的汉代陶器；另外在南闸二队孙作俊家房后檐的一个墩，周围还出土王莽时的"大泉五十"铜钱和棺板。在大圈的两个墩中心还出土有铜剑、铜镜、帽花、互心镜、铁枪头、陶壶、玉镯、玉斑等物。从出土的钱币、器物来判断，这些墩都是汉代墓葬。

陈集中学后大墩位于北陈集镇陈集中学后15米，底面积约4800平方米，土墩高4米，土质为五花颗粒碱土，南坡被中学挖校圩沟，铲去部分。剖面高度约五米，有石筑痕迹，并曾出土过汉代陶器、宋代韩瓶等。现地表还分布一些汉代的绳纹、布纹陶片。目前墩上地表已被当地农民种上一些旱作植物。

中心墩位于大圈东王庄和陈庄之间，墩东30米处为一条南北大路，墩现为一长方形平台，面积约2500平方米，高出地面一米，四周水稻田，墩土质为五花碱土，墩上布满一些汉代陶片并被当地农民种上一些旱作植物。

张店南闸大墩位于南闸村一组孙作俊家房后，面积约400平方米。墩高约五米，墩土为五花碱土，墩四周曾出土过王莽"大泉"五十铜钱和汉代陶罐。目前该墩已被夷为平地，地表为五花土。二墩位于孙成章家房后，面积约450平方米，曾发现过砖墓室，出土有五铢钱，汉代陶器，现墩中心被建于房下，四周经常出土有24×13×5厘米的扁砖。

## 2.2　碑坊石刻

### 吴承恩撰的墓志铭

灌南县硕湖刘园村一组，在1979年农民平田整地时发现出土吴承恩撰写的明代《刘居士夫妇合葬墓志铭》两方。该墓志铭出土时为两块。墓志字面相对捆在一起，皆属石灰岩，石质经腻，保存完好，长宽为68厘米，厚为8厘米。一块篆书"明故刘公偕配孙氏合葬之墓"阴刻铭盖，另一块为一千五百余字介绍死者生平的楷书阴刻祭文。两块墓志四周阴刻缠枝花纹，书写隽刻，清秀俊逸，堪称为明代书法篆刻精品，刻成于明嘉靖中期，祭文上款为"射阳吴承恩撰文、春台宋仁书丹、四泉王潮篆盖"，下款为"山阳王仲义刻"。四人为当时的一代文豪、书法篆刻名家。该墓志铭对研究灌南硕湖一带的历史沿革，明代的文章书法艺术将具有一定的价值。

### 龙沟画像石刻

1979年在龙沟建闸时，于龙沟汉居遗址中出土石刻武士画像一方，石质为青长石，基本呈长方形，高90厘米，宽40厘米，厚10厘米，石刻画像为线

刻，线条简洁流畅，武士双手握拳于怀，抱短剑，二目圆睁，方口下闭，头生二角，威武狰狞，与连云港将军崖摩崖石刻有异曲同工之处。

## 张店孙氏节孝坊石刻

节教坊位于张店镇盐河西岸，建于清道光十三年（1833年），因河堤坍塌被毁，现坊基高出地面一米多的遗址还在。节孝坊是孙氏媳妇守节，圣上批建，土方建筑面积约50平方米，牌坊均用青石雕刻砌成。主体由四根石柱支撑，四对石刻构成三门牌楼式建筑，横石匾额正中上方刻有"圣旨"二字，两块5米长的方石雕刻龙凤图案镶嵌上下两边。下书建于清道光十三年，两边八米高的竖柱上刻着"冰清玉洁……"对联。

目前，节孝坊的石刻一部分在张店镇白果村的石桥上和群众家中，一部分收藏在县博物馆，四只石狮各高150厘米，宽56厘米，厚28厘米，狮头半扭，形态各异，中间雕刻规律对称的花纹图案。四只石鼓，中刻玉钱花纹，门楼顶端的龙头刻得淋漓逼真，龙鳞、龙须跃然石上，从节孝坊遗留下来的石刻，可以看出节孝坊是一组难度较大的工艺精品的组合，它充分表现了当时劳动人民的聪明才智。

## 百禄张门薛氏百岁坊

百岁坊石刻位于百禄镇西北五六公里处邵圩村，是清光绪皇帝批准为张如铨妻薛氏建立，原高1.79米，宽0.63米，厚0.14米，石坊上端刻有"圣旨"二字，圣旨下横书"百寿坊"三个大字，再下铭文为"江南淮安府安东县张如铨妻薛氏时年百有七岁五世同堂。光绪二十四年仲春谷旦敕建"。

钦赐礼品中有光绪皇帝敕赐三块横匾，每块长约两米，宽约70厘米，一块上书"温婺兰香"四个金字，这三块御赐匾额，一块悬于坊前，一块悬于张氏门楼，一块悬于张氏堂屋正中，百岁坊成为建成后，张氏族人日夜有人

看守，百岁坊成为禁地，并明令文官司到此下轿，武官司到到此下马。否则以欺君之罪送官府问处。百岁坊于1987年由张氏家集资修缮一新。

### 三圩闸碑

三圩闸碑位于李集乡（原六塘乡）久安村沈三圩庄，建于清，是为控制南六塘河之水而修建。该地处涟水灌南两县交界，过去因时发水患，群众纠纷不断而拆原闸，另建二闸。现沈三圩还存碑刻两块。碑石均为细黑色石灰岩。一块长80厘米，宽40厘米，行书阴刻"三圩闸，光绪戌申年仲春重修"。一块长160厘米，宽60厘米，行楷阴刻，"钦命头品顶戴，升授湖北按察使司、江苏淮扬兵备道、钦差南洋大臣头品顶戴，陆军兵部尚书两江总督部堂、端；钦加盐运司衔、江苏候补正堂、河南即补河务府。魏、政德；泽衍宣房。光绪戌申年已未月谷旦、安东县绅士颂"。这两块碑对研究清末历史和地方水利，也有一定作用。

### 宣统元年告示碑

碑在灌南新安镇（原新安乡）大庙村十组，碑为"钦命署理。江苏分巡淮扬海河漕盐驿兵备道兼按察使衔吴为于宣统元年发往海州莞渎北镇的征收田赋告示碑"，此碑系石灰岩黑色青石，长115厘米，宽44厘米，厚12厘米。碑已腰折，折口处缺一字，碑文为楷书阴文，共565字，它对研究清末的赋税制度有重要价值。

### 王耀斋去思碑

原碑立于张店镇街沿河东岸，原有三块，现存两块，碑长200厘米，宽70厘米，厚15厘米，碑眉头横刻篆书"去思碑"碑文为楷书阴文，上款"大清光绪三十一年孟秋谷旦"，正文"耀斋王老公祖德政"，下款"张家店耆耋公勒"。

另一块碑文上款为耀斋王老公祖大人一德政。正文：恨公来晚去速，喜公除暴安良。感公勤劳不懈，尊公过人胆量。下款光绪三十一年六月谷旦题，海州合境士民恭颂。另一块在建义泽河闸时用掉。

附1：灌南县内出土的珍品文物一览表（部分）

| 类别 | 名称 | 朝代（时代） | 现地点 |
|---|---|---|---|
| 玉石器 | 乳丁纹双耳玉杯 | 明 | 堆沟镇（原九队乡） |
| | 刘公墓志铭 | 明 | 新安镇（原硕湖乡） |
| | 鹿角化石 | 新石器 | 新安镇（原新安乡） |
| | 石刻武士画像 | 汉 | 张店镇 |
| | 石羊 | 宋 | 新安镇（原新安乡） |
| 铜器 | 铺首双耳铜壶 | 西汉 | 新安镇（原硕湖渔场） |
| | 福寿双全铜镜 | 明 | 张店镇马台 |
| | 铜佛像 | 明 | 李集乡（原六塘乡） |
| | 铜钱 | 宋 | 汤沟镇 |
| | 铜钱 | 汉 | 张店镇南闸 |
| 陶瓷器 | 弦纹硬陶罐 | 汉 | 张店镇 |
| | 铺首饕餮纹青瓷坛 | 汉 | 张店镇白果 |
| | 半挂釉盘口壶 | 唐 | 新安镇（原大圈乡） |
| | 盘口半挂釉瓷瓶 | 唐 | 北陈集镇 |
| | 坐化荷缸 | 明 | 新安镇 |
| | 坐化荷缸 | 清 | 百禄镇 |
| | 白瓷罐 | 清 | 张店镇马台 |
| | 清花小碗 | 清 | 北陈集镇 |

——节选自卜星光编著的《灌南文化史鉴》

附2：连云港市第三次全国文物普查新发现名单（节选灌南部分）

一、古遗址（全市31处，灌南10处）

| 名称 | 时间 | 地点 |
|---|---|---|
| 11 法宁寺遗址 | 唐 | 灌南县 |
| 12 龙沟河遗址 | 汉 | 灌南县 |
| 13 古盐河遗址 | 唐 | 灌南县 |
| 14 契丹庄遗址 | 宋 | 灌南县 |
| 15 上真观遗址 | 宋 | 灌南县 |
| 16 沂河淌宋聚居遗址 | 宋 | 灌南县 |
| 17 上下马台唐遗址 | 唐 | 灌南县 |

| 18 魁星阁遗址 | 唐 | 灌南县 |
|---|---|---|
| 19 新安古镇 | 明 | 灌南县 |
| 20 昌姬遗址 | 唐 | 灌南县 |

二、古墓葬（全市 48 处，灌南 0 处）

三、古建筑（全市 117 处，灌南 9 处）

| 名称 | 时间 | 地点 |
|---|---|---|
| 88 西来庵 | 清 | 灌南县 |
| 89 鳖大汪 | 宋 | 灌南县 |
| 90 长茂石经幢 | 宋 | 灌南县 |
| 91 五队石经幢 | 明 | 灌南县 |
| 92 东庵遗址 | 待定 | 灌南县 |
| 93 张店老油坊遗址 | 明 | 灌南县 |
| 94 狗死庵 | 清 | 灌南县 |
| 95 新安镇四排巷 13 号民居 | 清 | 灌南县 |
| 96 新安镇悦来西路 48-2 号民居 | 清 | 灌南县 |

四、石窟寺及石刻（全市 192 处，灌南 5 处）

| 名称 | 时间 | 地点 |
|---|---|---|
| 269 小磨盘 | 清 | 灌南县 |
| 270 大磨盘 | 清 | 灌南县 |
| 271 田楼石碾 | 清 | 灌南县 |
| 272 长茂石桌 | 清 | 灌南县 |
| 273 新安镇四排巷石碾 | 民国 | 灌南县 |

五、近现代重要史迹及代表性建筑（全市 107 处，灌南 15 处）

| 名称 | 时间 | 地点 |
|---|---|---|
| 413 陈三文烈士墓 | 中华人民共和国 | 灌南县 |
| 414 潘家大院 | 清末民初 | 灌南县 |
| 415 长茂烈士陵园 | 中华人民共和国 | 灌南县 |
| 416 灌南县老机械厂 | 中华人民共和国 | 灌南县 |
| 417 灌南县老糖果厂 | 中华人民共和国 | 灌南县 |
| 418 灌南县新安镇老水塔 | 中华人民共和国 | 灌南县 |
| 419 灌南县老植物油厂 | 中华人民共和国 | 灌南县 |

| 420灌南县老棉纺厂 | 中华人民共和国 | 灌南县 |
|---|---|---|
| 421张店孟庄老干渠 | 中华人民共和国 | 灌南县 |
| 422田楼门楼 | 民国 | 灌南县 |
| 423田楼古井 | 民国 | 灌南县 |
| 424新安镇四排巷14号民居 | 民国 | 灌南县 |
| 425新安镇凌巷2号民居 | 民国 | 灌南县 |
| 426新安镇四排巷8号民居 | 民国 | 灌南县 |
| 427李集烈士陵园 | 中华人民共和国 | 灌南县 |

——http://blog.sina.com.cn/s/blog_76344c880101as5i.html

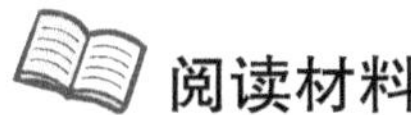 阅读材料

在2010中国淮安《西游记》国际文化论坛上的发言稿

作者　刑文飞

在百回本《西游记》的第六回"观音赴会问原因，小圣施威降大圣"中，小圣杨二郎与大圣孙悟空激战灌江口，演绎了千古斗变最精彩的神话。故事发展到第六十三回"二僧荡怪闹龙宫，群圣除邪获宝贝"，大圣、小圣联手作战，小圣射杀九头虫，解除了唐僧西行路上的又一障碍。在这两个回目中，吴承恩明确指认小圣二郎神的居住地是灌江口（灌口）。通过《明史·河渠志》《嘉庆海州直隶州志》、民国版《中国古今地名大辞典》的记载以及灌河史料的比对研究，可以确认，位于连云港花果神山与淮安河下古镇中间的现今灌南灌河口就是《西游记》中二郎神的家乡。

各位对二圣斗变的情节一定记得非常清楚，在明代世德堂本、李卓吾本《西游记》以及清初《西游证道书》中都写道："那大圣变鱼儿，顺水正游，忽见一只飞禽，似青庄，毛片不青；似鹭鸶，顶上无缨……"学名苍鹭的青庄是灌河流域的方言叫法，是灌河一带常见的鸟。至今，我们灌南方言形容人长得高而瘦，会说："看，长得像青庄似的！"黄肃秋先生注释的人文版《西游记》因不了解青庄的含义，将"青庄"改作"青鹞"，这件事本身就是西游故事产生的背景及作者生活环境一项重要的启迪。中华书局前副总编程毅中先生在一次活动中题写了"青庄非青鹞"五字，北京大学刘勇强教授对了下联"悟能随悟空"，这些学者一致认为二圣斗变的故事背景是现今苏北沿海的滩涂地域。

斗变到最后，大圣变成土地庙，尾巴则变成了旗杆，老一辈《西游记》研究专家苏兴教授认为，这实在是"制造成流传数百年还将流传下去的意趣无穷的典故"。吴承恩之前的任何一种西游故事，皆没有这一典故，这是祖籍海州涟水的淮海浪士的独创专利。在我们灌南、涟水一带，有这样一组沿用几百年的地名，您听了一定会会心一笑。今天会议的东道主楚州区委赵书记的老家涟水县有一个镇叫南陈集镇，镇里有一个村叫旗杆村，村民大部分姓杨；距南陈集镇三十公里的灌南灌河岸边有一个镇叫北陈集镇，镇里也有一个村叫旗杆村，而村民大部分姓孙。杨二郎、孙大圣、旗杆村……等等，各位会觉得这是巧合吗？

1974年，灌南县硕湖乡刘园村一组村民刘希标在平田整地时，挖出了一块由吴承恩撰文的明代《刘居士夫妇合葬墓志铭》一合。这块被南京博物院专家纪仲庆先生、邹厚本先生鉴定为国家二级文物的石碑清楚地记载了吴承恩在灌河流域密集的行迹与广泛的交游。在这篇吴承恩为他朋友刘仁的父亲刘承业先生所写的898字铭文中，讲述了素为人物奥区的涟水（灌南在1958年建县之前，属涟水，墓志出土的地点硕湖刘园村即今灌南县政府所在地新安镇的刘园村）一位豪隽之士刘承业早年"有矫然遐举弧矢四方之心…治装腰剑跃马如京师…从诸侠徒讙……"后居乡里"遇人有急难，辄竭力济之…前后令尹多贤之，遇乡饮，欲举为宾，四命四不赴，例给以冠带，亦固辞谢焉……君子称其忧时激义有烈士之风"。吴承恩为什么会为一个普通居士撰写墓志铭呢？从刘承业的身上，自封齐天大圣的孙悟空、听调不听宣的杨二郎的形象都能看到清晰的投影。文学源于生活，自古皆然。

这篇铭文的后半部介绍了刘居士家庭成员的情况，其长女嫁给朐阳周玉，朐阳即今海州一带。在这篇铭文的末尾，吴承恩又交代说："仆先世涟人也，既喜谈乡里之贤而强，子仁，昔与余游，今复为之勤请，遂不让而铭。"吴承恩与灌南的感情由此可见一斑。

吴承恩的很多诗文都能在以灌南为中心，直径六十公里范围内的很多家族谱牒，各类史籍资料中看到。根据吴承恩的记述，吴承恩的老师、亦是舅父的胡琏家族所在的现今沭阳县周集乡，在明代亦属海州属地，与灌南紧密相连，距刘园村直线距离不超过30公里。

大文豪吴承恩先生用大量的灌河流域风情地物与人物典故作为《西游记》的背景与情节，滋养了并将继续滋养灌河流域的万代文脉。

从远古神话中担山赶日、劈山救母、元杂剧中斩蛟治水的二郎，到《西游记》中忠义神勇、《聊斋志异》中秉持正义的二郎，二郎神的精神千百年来润泽着灌河大地。在新一轮经济社会发展大潮中，吴承恩笔下的灌江口，现今的灌河口秉承苏北沿海开发上升至国家战略层面的东风，正在实现超常规发展。灌南县委、县政府以《西游记》中的二郎神为主线，结合各种版本的二郎故事，建造占地360亩的二郎神文化遗迹公园，现正在紧张施工，将于明年六月接待八方来宾。以该公园为核心，以二郎精神为统领的五平方公里的文化产业园区也正在蓬勃发展之中。今天与会的人民文学出版社最新版本《西游记》的校订者李洪甫先生用自己多年的研究成果指导灌南的文化旅游产业发展，实现了研究成果向生产力的有效转变。今天与会的不少专家、学者曾在今年八月莅临灌南，共襄二郎文化建设盛举，为我县打造文化旅游产业建言献策，为我县的科学发展指明了方向。

最后我盛情邀请各位先生、各位大师能够继续关注灌南、关注二郎文化。明年六月，让我们在充满神幻的灌南二郎神文化遗迹公园再会。届时，赴淮安瞻仰大师故居，来灌南探访二郎遗迹，到花果山体验大圣仙踪，三点一线的西游之旅将让西游文化更加璀璨辉煌。

二〇一〇年十月十七日

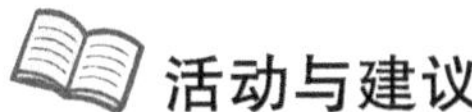 **活动与建议**

1. 列举灌南全境内目前已经发现的一些文物遗迹名称，并且向同学介绍自己所在村庄的文物遗迹分布状况。

2. 简述汉代九里十八墩的石墓群情况，小组讨论考证石墓群年代所需要的文物证据。

3. 简单了解一下灌南境内有关碑坊石刻文物的基本内容，选择某一个你最熟悉的碑坊石刻文物向同学介绍并且写一份解说词（50-100字左右）。

4. 阅读刑文飞的发言稿后，你知道你的家乡还有哪些文化与西游记有关系？

# 专题三　　海西先贤与灌河儿女风采

灌南大地有过自己辉煌的过去，两千年前，西汉汉武帝设立了海西侯国，不久改名为海西县。这是灌南大地建县得名载入史册的开始。海西县在历史上绵延了六百余年。在六百多年里，有许多历史名人与海西县名相联光耀史册，如西汉的海西侯李广利，东汉的海西王董宪，东汉末年刘备战败淮南，屯兵海西城，东晋末权臣桓封废司马奕为海西县公，等等，此外灌南大地上还留下了许多文人逸士的足迹。历史到了近代，当海西大地上的人们处于反动派压迫下与日寇的铁蹄下，优秀的灌河儿女身上的二郎神战斗精神充分发挥出来，这正如孙中山小时候深受洪秀全战斗故事的影响一样，灌河儿女延续了二郎故事的神话。本专题将介绍一些灌南历史上有名的古圣先贤和革命伟人的传奇人生。

## 3.1　　广陵海西古先贤

### 三国时期

徐淑，字伯进，东汉时广陵郡海西人。幼年随父在京城洛阳求学，少年好乐道，随父慎至京师，研习《孟氏易》《礼记》《周官》等，善诵《太公六韬》，交结英雄，怀有壮志。汉顺帝阳嘉元年（公元132年），尚书令建言从今年赴孝廉。年不满四十，不得察举。第二年，徐淑举为孝廉，年龄未达四十，被退还本郡。后来又被举为茂才，受任为渤海县令，升琅琊郡都尉，官至度辽将军，有名于边。

徐宣，字宝坚，三国魏国人，广陵郡海西县（今江苏灌南）人。生年不详，卒年青龙四年（公元236年）。　徐宣避乱江东时因拒绝孙策聘请回到广陵，与太守陈登镇压反叛的民众。后受到曹操器重，历任司空府属吏、齐郡太守、丞相府东曹掾、魏郡太守。曹丕继位之后历任御史中丞、司隶校尉、尚书，封关内侯。魏明帝继位之后，徐宣历任尚书左仆射、侍中、光禄大夫，晋封津阳亭侯。徐宣历事三朝，甚受信任，魏明帝始终不许他辞职。徐宣死后谥号贞侯。

据史料记载，宣避乱江东，又辞孙策之命，还本郡。与陈矫并为纲纪，二人齐名而私好不协，然惧见器于太守陈登，与登并心于太祖。海西、淮浦二县民作乱，都尉卫弥、令梁习夜奔宣家，密送免之。太祖遣督军扈质来讨贼，以兵少不进。宣潜见责之，示以形势，质乃进破贼。太祖辟为司空掾属，除东缗、发干令，迁齐郡在守，入为门下督，从到寿春。会马超作乱，大军西征，太祖见官属曰："今当远征，而此方未定，以为后忧，宣得清公大德以镇统之。"乃以宣为左护军，留统诸军。还，为丞相东曹掾，出为魏郡太守。太祖崩洛阳，群臣入殿中发哀。或言可易诸城守，用谯、沛人。宣厉声曰："今者远近一统，人怀效节，何必谯、沛，而沮宿卫者心。"文帝闻曰："所谓社稷之臣也。"帝既践阼，为御史中丞，赐爵关内侯，徙城门校尉，旬月迁司隶校尉，转散骑常侍。从至广陵，六军乘舟，风浪暴起，帝船回倒，宣病在后，陵波面前，群寮莫先至者。帝壮之，迁尚书。

明帝即位，封津阳亭侯，邑二百户。中领军桓范荐宣曰："臣闻帝王用人，度世授才，争夺之时，以策略为先，分定之后，以忠义为首。故晋文行舅犯之计而赏雍季之言，高祖用陈平之智而托后于周勃也。窃见尚书徐宣，体忠厚之行，秉直亮之性。清雅特立，不拘世俗。确然难动，有社稷之节。历位州郡，所在称职。今仆射缺，宣行掌后事。腹心任重，莫宜宣者。"帝遂以宣为左仆射，后加侍中光禄大夫。车驾幸许昌，总统留事。帝还，主者奏呈文书。诏曰："吾省与仆射何异？"竟不视。尚方令坐猥见考竟，宣上疏陈威刑大过，又谏作宫殿穷尽民力，帝皆手诏嘉纳。宣曰："七十有县车之礼，今已六十八，可以去矣。"乃固辞疾逊位，帝终不许。青龙四年薨，遗令布衣疏巾，敛以时服。诏曰："宣体履至实，直内方外，历在三朝，公亮正色，有托孤寄命之节，可谓柱石臣也。常欲倚以台辅，未及登台辅，未及登之，惜乎大命不永！其追赠车骑将军，葬如公礼。"谥曰贞侯。子钦嗣。


## 东晋与南朝刘宋

刘遵，东晋临淮海西人。东晋安帝司马德宗义熙年间，历任右将军、宣城内史、淮南太守。义熙十年（公元414年）逝于任上。死后，追封监利县侯，食邑七百石。

鲍照（公元414-466年），字明远，南北朝刘宋时海西人，家世贫贱。少年勤奋好学，就显露出他的文学才情。成年后，从事农耕，由于鲍照诗被临川王刘义庆读到，受到赏识，被录用为国侍郎。从此离开家乡，走上政治舞台。他先后做过始兴王的国侍郎，永嘉令、中书舍人。临海王刘子顼镇荆州时，任前军参军。刘子顼作乱，照为乱兵所杀。他长于乐府诗，其七言诗对唐代诗歌的发展起了很重要的作用，著有《鲍参军集》。

鲍令晖，小名录，是南朝刘宋的女文学家，系鲍照的妹妹，有才思，著《香茗赋集》行于世。钟嵘《诗品》中评曰"崭绝清巧，拟古尤胜，唯百愿瑶也"。留存作品不多，《玉台新咏》录其诗七首。清钱振伦注《鲍令晖集》，附注其诗。她先于明远卒。现录诗一首，以得加深对她的了解。

### 古意赠今人

寒乡无衣服，衣毡代文练。

日月望君归，年年不解綖。

荆扬春早和，幽冀犹霜霰，

北寒妾已知，南心君不见。

谁为道辛苦，寄情双飞燕。

形迫杼煎丝，颜落风催电。

荣华一朝尽，惟余心不变。

## 北宋与清朝

宋昭，字子朗，别号直翁，河南商丘归德人，宋朝散大夫。公家世业儒。赋性明敏，孝友天然。宋大观元年，举孝廉行入太学，补内舍直学士。京甸有声，以陈过庭之荐，授朝散郎。时国家多事，纲纪废弛，公忧国如家，遇事敢言，多所匡益。后因上疏朝廷，极言奸党童贯等罪行，被贬来海州。

张山人，清代名医，字子襄，清乾隆年间人，原籍江西。新安镇初建时，商旅云集，山人云游至此落户。出家修行于碧霞宫，本地人称太山奶奶庙。他一生未娶，貌若童颜，飘然若仙。山人祖辈行医，他的医术更为精湛，擅长针砭术，功效如神。当时缺医少药，凡有疑难病症，经他诊断后，认为可救则下药，认为无救，他绝不用药。先生与本镇五牌汪生友善，见其二子，先生曰："大公郎将天花，后麻面也。二公郎无事，光面。"后果应。

吴朝栋，字霖舟，清嘉庆年间海州南乡（今灌南县张店镇）人。勤奋好学，能言善辩，是个生员。好济困扶危，爱打抱不平，时任海州知州的师亮采，仗其父亲、岳父均在朝为官，贪赃枉法，私通巨盗，致使海州境内民不聊生，饿殍遍野，民怨沸腾。吴朝栋激于义愤，不怕丢掉功名，置生死于度外，亲赴京城控告师亮采。师亮采得知此事，即赶回活动，吴朝栋状未告成，被革去生员，又被收监3个月。出狱后，仍不气馁，经多方活动，终于把状词送到嘉庆帝面前，嘉庆帝派御史帅士银查处。帅士银查清了师亮采的种种不法罪行，如实上奏，嘉庆帝御批，将师亮采押送乌鲁木齐充军。吴朝栋回乡后，海州人民群情振奋，欢欣鼓舞，纷纷来到张店镇，向吴朝栋赠送赞匾、对联。有一副对联曰："削去师头方是帅，能翻吞字是为吴"。这幅联词长期在海州地区流传。[①]

鲁一同（1805～1863），清代道光、咸丰年间著名古文家、诗人。字兰岑，一字通甫，安东（今江苏灌南）人。道光十五年（1835年）中举，此后屡次会试不第。一同对时事很是关心，他的政治见解，得到林则徐、曾国藩等当时很多知名人士的欣赏。太平军起，他曾协助清河县知事吴棠积极防御，并向清军将领江忠源出谋献策。鲁一同工诗善画，著有《通甫类稿》《通甫诗存》《白耷山人年谱》《邳州志》《清河县志》等10余种，另有《鸡》《梅》等画作传世。

## 3.2　灌河儿女续神话

80万喝着灌河、盐河水长大的灌南人民，从小就深受二郎神文化的影响，"除暴安民，维持正义"的精神流淌在灌河儿女的身上。当海西大地深陷于反动派的压迫与日寇的铁蹄之下时，根植于灌河儿女身上的二郎神战斗精神便充分发挥出来。正如民主革命先行者孙中山小时候深受洪秀全战斗故事的影响一样，灌河儿女延续了二郎故事的神话。

惠浴宇

### 1. 第一、二次国内革命战争时期

惠浴宇于民国十七年（1928年）7月加入中国共产党，是年秋与李超时、宋绮云共同创建了海州地区的党组织，任中共海州四县特别支部宣传委员。民国十八年秋去上海从事党的地下工作，次年9月被捕入狱，在敌人长达7年的残酷折磨面前，始终坚贞不屈。

惠浴宇(1909—1989)，
江苏省灌南人

---

[①][http://www.gncmw.com/index.php?option=com_content&view=article&id=1047:2010-04-15-07-15-26&catid=49:2009-11-21-07-49-29&Itemid=90]

## 2. 抗日战争时期

出狱后，历经艰险，奔赴延安，入抗日军政大学学习。1940年，惠浴宇受党组织的派遣，参加开辟苏中抗日根据地，历任新四军江南挺进纵队大队指导员、挺进纵队三支队政治部主任、中共苏中工委书记、苏北临时特委书记、苏北特委副书记、江都县抗日民主政府县长兼警卫团政委、新四军苏北指挥部三纵七团政委。民国二十九年8月，新四军苏北指挥部在黄桥召开的通如靖泰各界人士代表会议上，宣布建立泰县抗日民主政府，委任惠浴宇为县长。10月泰县抗日民主政府在海安镇成立，惠浴宇任中共泰县县委书记兼县长。1942年2月，日军侵占海安，惠浴宇率县委、县政府机关转移至河南雅周地区坚持斗争。他对海安地区党的建设、民主政权的建设和抗日根据地的建设；对贯彻抗日民族统一战线，团结上层各界爱国人士投入抗日救亡运动，做出了贡献。同年7月调离泰县，历任中共江高中心县委书记兼行署主任，苏中一地委书记，军分区政委，苏中一分区专员，苏浙二分区及四分区专员。

## 3. 第三次国内革命战争时期

惠浴宇先后担任苏中军区政治部副主任，华中二地委书记兼军分区政委，苏中区党委委员，华东野战军十一纵队政治部主任，第二十九军政治部主任。民国三十五年，国民党撕毁协议，向姜堰一带解放区进犯，惠浴宇作为新四军首席代表，深入虎穴同敌人火线谈判，他针锋相对，寸步不让，迫使敌人签字。

## 4. 中华人民共和国成立后

惠浴宇历任苏州市委书记、市长，苏南区党委委员，苏北行政公署主任、区党委常委，中共江苏省委常委、南通市委书记、市长，省委副书记、省委书记处书记、省长，华东局常委。他是中共八大代表，第一、二、三届全国人民代表大会代表。"文化大革命"期间，遭受残酷迫害。蒙冤10年之久。平反后，先后担任中共江苏省委政法小组组长、江苏省委常委、省革命委员会副主任，省政协主席、省委书记等职，1980年重新担任江苏省省长，是中共十二大、十三大代表和第五届全国人大代表。并当选中共中央顾问委员会委员。1983年退居二线后，仍十分关注改革和四化建设，为党做了大量力所能及的工作，并潜心撰写缅怀战友的回忆文章，结集为《写心集》。

### 汤曙红

汤曙红(1915—1939)，原名宜秀，灌南县汤沟镇人。在1929至1933年，先

后就读于淮安中学、上海正风中学和东海师范。1933年秋，汤曙红回到家乡，在汤沟小学任教。在他的倡导下，汤沟小学办起了抗日读书会，组织校内外青少年100多人，阅读进步报刊。他们还走上衔头，大唱抗日歌曲，演讲抗日道理。1937年10月，汤曙红创办了汤沟剧团，自任团长，先后排演过《宛平战斗》《血战芦沟桥》《古城怒吼》《放下你的鞭子》等抗日剧目，激发群众的抗日热情。1938年春，汤曙红在家乡发动民众1000多人，成立汤沟乡民众抗日武装自卫队，任队长。8月，经乡民选举，当选为汤沟乡乡长，代表广大民众掌握了乡政权。

1939年3月，汤曙红加入中国共产党并担任中共沭阳县委军事部长。3月底，东(海)灌(云)沭(阳)边区抗日游击总指挥部成立，汤曙红任总指挥。总指挥部成立不久，驻大伊山的日军到东海县西圩村"扫荡"，情势十分危急。汤曙红率领70多名自卫队员赶赴西圩救援，和装备精良的日军激战近一天，第二天黎明，日军丢下20多具尸体狼狈逃窜。4月，这支队伍改编为八路军山东纵队陇海南进游击支队第三团，汤曙红被任命为团长。7月5日，汤曙红率领三团战士，在盐河、涵养河的交汇处五里槐，伏击日本侵略军，歼敌多人，击沉击翻日军汽艇、木船多艘。紧接着，汤曙红又带领精干小分队10多人，奇袭土匪头子贾锡福的巢穴孙二庄，击毙贾锡福及其部下匪徒共37人，缴获大盖枪10多支，子弹两箱，为灌东人民除了一害。为了团结抗日，7月17日傍晚，汤曙红只身前往汤沟乡公所，和国民党沭阳县常备大队长王绪五谈判，被王部小队长周法乾杀害，时年24岁。

汤沟小学学生在祭扫汤曙红烈士墓地时听老人讲述烈士英雄事迹

吴书

1916年出生于江苏省灌云县（现灌南县）新安镇（原大圈乡）大吴庄一个中农家庭。16岁考入江苏省立连云水产学校读书，1935年毕业后致力于教育工作，担任过家乡的吴圩小学校长。1937年七七事变爆发后，参与组织以抗日救

国为宗旨的"腊九社"，又在张店大前庄组织抗日基干队，在他周围凝聚了一大批进步人士和热血青年。

1938年加入中国共产党。1939年苏北沦陷后，遵照党的指示在当地组织了一支游击队进行敌后游击斗争，同年7月率游击队加入了八路军山东纵队"陇海南进支队"第三团，任二营教导员、团宣传股长、滨海大队政治委员、灌云县委书记等职，领导着灌云一带的人民群众和游击队积极地进行抗日游击斗争。

1945年担任新四军三师独立旅二团政治委员。1946年随军转战东北，任东北人民解放军第二纵队六师十七团政治委员、纵直政治部主任。1948年任三十九军一一七师政治部主任。1950年10月三十九军改编为中国人民志愿军三十九军赴朝作战。1951年2月10日在朝鲜战场第四次战役横城反击战役中遭敌空袭牺牲。享年三十五岁。1951年3月安葬于哈尔滨烈士陵园。

吴书的故居位于原大圈乡吴庄村

周惠

周惠原名惠珏，1918年生于江苏省灌南县，1937年参加革命。1938年加入中国共产党。同年在延安参加中共中央党校学习。1941年初，调中央北方局工作，任北方局青委委员、群委秘书、偏城县工作团团长等职。1944年，担任中共太岳区二地委委员兼士敏县（今沁县）县委书记。1945年春，调任中共冀南二地委副书记兼军分区党委委员。1947年，任中共夏津地委书记。

1949年，任湖南省土地改革委员会委员兼中共益阳地委书记。1951年任中共湖南省委委员兼常德地委书记。1952年先后担任中共湖南省委委员、常委、省委副书记、省委书记处书记和省委常务副书记、省委代理第一书记。1977年任交通部副部长、党组副书记。1978年，任中共内蒙古自治区委第二书记兼内蒙古自治区革委会副主任，同年担任第一书记。1987年，在党的第十三次全国代表大会上，当选为中共中央顾问委员会委员。

周惠是中共第十一、十二届中央委员，党的十三大、十四大代表，列席了党的第十五、十六次全国代表大会。2004年11月18日在北京逝世，享年86岁。

### 芮杏文

芮杏文，1927年4月1日出生，江苏涟水（今灌南百禄镇）人。1945年1月加入中国共产党。1944年8月参加革命工作，中国人民大学企业管理修专科毕业，大专学历，工程师。

1944年至1946年，苏北滨海县民运队队员，在苏北公学、华中建设大学、山东大学政治系学习。

1946年至1950年任东北局组织部干事，吉林化工厂机械场副主任，锦西炼油厂机电科科长、机械场主任，锦西化工总厂三分厂主任。1950年至1951年在中国人民大学专修科学习。1951年至1952年任东北工业部干部学校组织科科长。1952年至1958年任重工业部大连工程公司第一副经理，吉林第八机械安装公司经理，化学工业部吉林化工建设总公司副经理，化工部第一安装公司经理。1958年至1966年任化工部兰州化工厂副厂长，兰州化学工业公司副经理，开封化肥厂指挥部指挥长，第七化建公司经理。

1966年至1969年"文化大革命"中待分配工作。1969年至1970年任化工部青海七〇五工程指挥部副指挥。1970年至1978年任北京石油化工总厂领导小组副组长、基建指挥部第一副指挥，北京市城市规划局领导小组副组长，北京市国防一办副主任、党组成员。

1978年至1984年任第七机械工业部副部长、党组成员，国家计划委员会副主任、党组成员。1984年至1985年6月任城乡建设环境保护部部长、党组书记，国家计委副主任、党组成员。1985年6月至1987年11月任中共上海市委书记。

1987年11月至1989年6月任中共中央书记处书记。1991年4月至1993年4月任国家计委副主任、党组成员。1993年3月当选为政协第八届全国委员会常务委员。中共第十二届（1985年9月中共全国代表会议增选）、十三届中央委员，第十三届中央书记处书记（十三届四中全会免职）。1993年起任中国农村发展信托投资公司理事长。2004年3月离职休养。2005年6月5日在北京逝世，享年78岁。6月17日，芮杏文同志遗体在八宝山革命公墓火化。

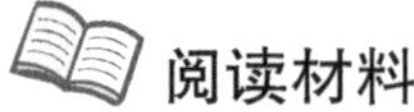

## 阅读材料

### 渡江第一船

灌南县轮船运输公司的苏淮605号船，于1949年4月22日渡江战役中，满载中国人民解放军指战员，率先抵达长江南岸，为解放南京立下战功，故称"渡江第一船"。

据该船航行簿记载，此船系铁质蒸汽机动船，于1925年建成下水，总长23.1米，型宽4.25米，总吨位41.4吨，船上救身防火安全设备齐全，为南京下关发电厂京电1号拖煤船。渡江战役时船上工作人员为正驾驶黄兴发、副驾驶张全林，正司机洪全牛，副司机廖金泉，船工：陈金锡，水手黄化发，厨工吉相朝，生火吴诚聚。

解放后该船继续由南京下关发电厂使用，"文革"中支援苏北调拨给淮阴发电厂，1978年调拨来灌南时船名为"淮轮555"号，1984年秋统一调整船号为"苏淮605号"，产权属灌南县轮船运输公司。原来船上使用的蒸汽机，已于1979年更换为柴油机。1983年4月22日，新华日报头版以"渡江第一船在灌南找到"为题，对该船作了报导。并刊登了该报记者陈哲柏的"南京渡江第一船"船工吴诚聚在渡江胜利纪念碑前给姜家园小学师生讲述当时渡江战斗情景。灌南县人民政府于1965年4月发文，公布为灌南县重点文物保护单位。

当年"渡江第一船"不是在风平浪静中顺畅过江的，而是迎着滔滔江水与隆隆炮火"冲"过来的。如今，对任何一座城市、一个地区的发展而言，都不会是一路通畅，也会有坎坷与艰难，顺境时要"冲"，在"冲"的过程中不能

有丝毫懈怠，只有一鼓作气，才能像当年那艘快船一样。只有跃过这个坎，才能拥有一片天。弘扬"团结一致、同舟共济、不畏艰险、勇于拼搏、坚忍不拔、敢于争先"的渡江第一船精神，更好地实践科学发展观，凝心聚力谋发展，将祖国建设得更加美好。

"渡江第一船"精神的焦点是一个"先"字。人民解放军面对长江天险及凶恶的敌人，他们排除万难，奋力拼搏，先达彼岸。在困难之际，表现出了革命英雄主义和革命乐观主义精神，秉承了中国共产党的优良传统，全心全意为人民服务。我们要不怕困难，站在时代的前列，团结战斗，锐意改革，开拓创新，全心全意地奉献于国家人民。

该船原在县人民桥下的盐河存放，后放在县博物馆，但目前不在灌南县境内，已经移交给南京市渡江纪念馆。

 活动与建议

1. 简述灌南境内三国到清代的一些海西古先贤的历史活动，体会灌南历史的悠久与辉煌。

2. 探究：寻访灌南人民为追求自由幸福的革命仁人志士的革命足迹，列举几例并简要介绍其主要事迹！

3. 简述在自己身边的历史名人的生平，并且谈谈作为今天的灌南人，你认为应该如何做才能对得起这片生我养我的故土？

4. 参观"渡江第一船"文物，体验一下当年解放军横渡长江的磅礴气势，讨论如此小的小船能够突破长江天险的主要因素。

# 经济发展篇

"悠悠盐河水，道不尽海西情"，却道出了古海西的盐文化，盐业经济在古代是官营经济，古代海西地虽荒芜，但古海湾时期熬盐业兴旺发达。然水网密布的古海西经常河水泛滥，人们渴望风调雨顺、平安生产，渴求水神的保佑，二郎神的出现给人们带来了希望，灌口二郎舍身忘我斩蛟龙，英勇无畏、为民除害，二郎神对灌河、盐河等河水的护佑庇护，浇灌出了古今海西的经济之花。

作为天界第一战神，二郎神"腰挎弹弓新月样，手执三尖两刃枪"，每次遇到强大的对手，都抱有坚定信念、勇往直前、志在必得、全力取胜、敢争第一的精神，如今已在80万的灌河儿女身上得到了传承。如今的灌南，在江苏沿海开发上升到国家战略上的大背景下，面临着千载难逢的发展机遇，无论是在渔业水产养殖方面、还是在灌河半岛经济开发方面，都应从二郎神的永不言败、不畏艰险的精神追求中寻找到强大的动力。

如今二郎神庙的黄海之滨，洼地经济崛起呈现势不可挡之势，近五年，一批大型企业在市场经济大潮中脱颖而出，一条新港大道链接了县城和灌河口，一条临海高速公路让曾经闭塞的灌河半岛人民直达五湖四海。海西大地上烟囱林立、机声隆隆，灌河人民正在工业化大道上快速奔跑。二郎神与灌河口神奇传说蕴育的"海纳百川、后发先至"灌南精神，正在助推着灌南的跨越发展，创新发展步伐。

根雕艺术品"螃蟹"

## 专题四　　海西盐业兴衰与渔业经济

从地质学上讲，我县陆地形成时间不长，且先后不一，总的是西部成陆较早，东部成陆较晚。1972年，在花园乡附近发现了距今约一二百万年前的鲸鱼脊骨化石和鹿骨化石，恐怕就是灌南最古老的历史佐证。7000多年前，今天的灌南东部还是茫茫海域。6000多年前最后一次海浸时，长江、淮河分别在镇江市、淮安市以东不远处入海，淮河以北的沂、沭、泗水冲击平原还是一片汪洋的浅水海湾，今灌河干流当时正处在这古海湾之中。岁月流逝，沧海桑田。在漫漫的岁月之中，由于淮河携带泥沙的淤积和黄河多次南迁夺泗（河）夺淮（河）入海带来的大量泥沙沉积淤淀，古海湾不断增高，海岸逐渐向东推移。到了明朝，灌南东部和东北部边缘则大体和现在相同。远古时候这一带，临近大海边，土地荒芜，能够耕种的土地几乎没有，属于蛮荒之地，面对一望无际的大海，我县先民只能靠煮盐和捕捞为生，在古海西沟湖众多，水上交通发达，再加上古海湾时期形成的硕项湖盛产鱼虾，临近海边，先民就以捕捞业为生，所以就逐渐形成了独特的经济——盐业经济与渔业经济。本专题主要从这个方面向同学们介绍古代海西的经济发展表现。

### 4.1　古代海西盐业传奇

*二郎神赠熬盐技术传说*

我县百禄镇民间长期流传这样一个故事：很久以前，百禄那个地方遍布绿荫，树木成林，后来二朗神带着从西天偷来的神盐袋，回家乡灌口，被孙悟空发现；两神为争夺盐而打了起来，二朗神一手抓住盐袋，一手招架，当打到百禄上空时，二朗神被孙悟空一棒打在手上，袋中撒下几粒神盐。这盐粒像洪水一样，四处扩散，经过风吹日晒，田野一下子变成了白茫茫的一片盐碱地，庄稼都死了，大小伙子连媳妇都娶不到。正当人们处于贫困之时，从西北方来了一个白胡子老头，当他看到地上到处白茫茫一片，叹道："可叹世人真无用，满地白银你不弄。"说着他把地上的盐硝刮起来，放在事先挖好的一个长方形池内，灌满水，等沉淀后，把池里清水放在锅里熬一会儿就熬出白花花的盐，然后把盐拿到集市，换来米和日用品，当地人也跟着白胡老头一起刮碱盐，然后就拿盐去换东西，生活逐渐有了起色，人们为了感激这个老头，都来问他的名子，老头说他叫"卤"，说完化成一股白烟向东北方向而去。后来人们就把这个地方叫"白卤"。原来那个白胡子老头就是二郎神所变，当他看到家乡的人们因自己的过失而受罪，十分不忍，所以就变成白胡子，把造盐技术传给这里的人。

### 古代先民淌卤晒盐

古人用大铁锅熬盐的方式(想象图)

我县的百禄乡镇的名字——百禄一词是民国时期一位涟水县官为了表示吉祥的愿望改名后所称。百禄原名为北卤沟，在远古时代，这里是一片浅海湾登陆的荒滩，遍地是白茫茫的盐碱地，根本没有可适合种粮食的土地，就现在该镇的大南村仍然有一些大块土地为盐碱地，经过改良后也只能栽种水稻，而面对当时的盐碱地，古先民没有改良的技术，因此只长盐蒿和芦草。由于雨水和地势高低的不同，天然形成了两条不规则的小河，一南一北，前后相距有三、五里路不等，古先民就沿河而居，以淌卤水晒盐为生，这就是早期的熬盐业，很多穷苦人在这荒滩野地靠晒卤水盐谋生，实在不容易。其实就是在新中国成立后，也还有部分人家买不起盐，在所谓的"干滩地"中晒卤水出小盐食用。

北卤沟的人民生活的确不易，一没有真正的可供粮食生长的良田，二没有技术生产优质食盐，很多时候是靠卖卤水为生，比如现今做豆腐要用某种物质把豆腐花并在一起，卤水就是很理想的点豆腐花的物质，对人体无害。如今有些黑心生意人，用石膏点豆腐花是对人体非常有害的。不过在过去，仅仅是靠卖卤水是无以为生的，北卤沟的人民长期过着穷苦的生活，传说，清朝乾隆皇帝下江南的时候，曾经路过北卤沟，到过宋二姐家，他看见宋二姐吃的是黑乎乎的颗粒状的食物，就好奇地问：你吃的是什么呀？宋二姐回答道：我们这里到处是白卤地，不长粮食，只长盐蒿和芦草，我吃的就是盐蒿的种子。乾隆皇帝听了，很不是滋味，原来盐民如此穷苦，于是就下旨免征这个地方的粮食税收。

北卤沟虽然是个地广人稀的地方，但到了明清时期，小镇买卖交易也兴盛起来。明朝淮安府志有记载，官府在今涟水县五港镇设盐关，驻兵办理河务与盐务，征收盐税。虽然有官府盐场，但当地老百姓食用盐，主要是吃南北卤沟的生产的小盐，由于这里五谷不生，要吃粮食只有靠卖卤盐换粮食，"有田皆卤，无地不蓬蒿"就是当时的真实写照。当发大水时，雨水冲洗使沟势发生变化，北卤沟的地势比南卤沟高，居民多数向北卤沟迁徙，北卤沟人口渐渐稠密起来，加上明清时期，北卤沟的地理位置较重要，粮商要在盐城阜宁县的东沟、益林与连云港海州、宿迁的沭阳之间往返搬运，都要在北卤沟歇脚住店，所以小镇也就渐渐兴旺起来了。

### 海西盐场莞渎蒲镇

在我县境内，盐场最兴盛的地方要数莞渎蒲镇的盐场，早在唐宋时期，小镇就有人居住，早期居民以收割莞草为生，贩卖给城市居民编织草鞋、草席，后来由于古代长期有战乱，为逃避战乱来莞渎这个荒僻的海边小镇的居民越来越多，就有人组织大家圈地垦堤，引海水煮盐，这样渐渐就兴起了盐场。

到了元明时期，莞渎蒲镇非常兴盛，大约有4000户居民，20000多人口，分为莞南莞北两镇，南北长十几里路，大概范围东到大海，也就是莞渎盐场，西到硕湖的盐河，南到今天涟水五港，北到今天的祝项河，地域面积大约有428公顷，盐田、沟河、土地、草荡更多了，有记载凡草荡有2100公顷。据《明嘉靖盐法志》记载，该镇每年岁谷126石2斗1升1合八勺，每年岁办课金3万8百511引。由此可见莞渎蒲镇的经济兴盛时期何其繁荣。

从南宋时期起，由于宋金长期对峙，双方互相你来我往进行了大量的拉锯战，公元1128年，灌南全境在宋金议和时，全部割让给大金朝，从此此地就成为宋金双方长期战争争夺的焦点，而焦点中的焦点就是渎蒲镇的盐场，因为在沿海边远荒芜地区，只有盛产食盐的盐场才值得争夺，盐税是战争中军饷、经费的重要来源，因此扬州到海州的地方，每一次战争的易主归宿都会惊动两朝朝廷，处于盐河一线的海西人民就会苦不堪言，涟水、海州长期被金元占领，给海西老百姓的生活带来了深重的灾难，如今的灌南全县都是古代宋金对峙的最前线。

莞渎蒲镇的盐场真正兴盛是在长期战乱平息以后才出现的。历史到了元朝实现全国统一后，社会渐渐稳定下来，劳动人民终于可以得到暂时的休养生息。元朝在元世祖统治时期，莞渎盐场才真正发展起来，海州治下的莞渎屯改为莞渎盐场，原金朝治下的巡检司升格为盐使司。元成宗统治时期，改盐使司为盐场司令，驻扎在莞渎盐场办公，办理盐务，归属于两淮都转运使。后又改设盐课司，派盐课司大使，驻在莞渎管理盐务，两淮都转运使直接管辖。到了明朝洪武年间，莞渎盐场由盐课司副使负责管理，在莞渎蒲镇建有莞渎盐课司官厅、后厅、卷房、门楼等数十间。这时的莞渎镇盐场的盐业可以说达到了极盛时代，镇民有两万多人，分为南北两个镇管理，在南北前后十多里的长提上，分布灶民五庄，成为海州东南第一重镇，是海州东南的盐场盐产和柴草集散中心。为了便于物资运输，打通盐河与潮河之间的通道，便疏通了古莞渎河，从今天的新安镇盐河口袁闸，经莞渎河，绕莞渎镇东北行，再折头东南行，到响水口入灌河入海口，成为莞渎蒲镇向内向外运输的重要的重要通道，盐运交通十分繁忙。莞渎镇经济兴盛繁荣，蒸蒸日上。

1471年，在明宪宗统治时期，巡抚淮扬都御史陈瘰，在莞渎盐场南的天赐荡，增设天赐盐场，地跨淮河南北。1500年，明孝宗在位时期，巡盐御史许凤翔，以天赐盐场废驰为名义，又划淮北盐场归莞渎盐场管辖，分设一盐课司管辖淮北盐场，隶属莞渎蒲镇盐课司，其盐产盐税收入倍增。

到了明清之际，莞渎蒲镇盐业经济迅速衰败下去，究其原因是斗转星移，自然环境发生了天翻地覆的变化，据有关历史文献记载，在明朝中后期到清朝康熙年间，黄河水经常泛滥，在河南、安徽两省境内经常发生水灾，总是夺淮入海，淮河水的泛滥必然给两岸人民带来灾难，为了减少受灾面积，朝廷只好从云梯关至响水口开通一条南小潮河，引黄河水从淮河古道分流至灌河入海，新中国成立后涟水县为了扩大入海量，在小潮河的基础上也曾经组织大量的人力、物力疏通扩宽。古代黄河水从大西北带来大量的泥沙，使得阜宁、响水一线的古海湾的海岸线迅速东移，其海水也就迅速淡化，这样一来，莞渎铺镇的盐场、天赐盐场的产盐产量迅速下降，到了乾隆年间，莞渎铺镇的盐场、天赐盐场的产量已经抵不上开支了，入不敷出，朝廷只有明令关闭，一并裁撤莞渎盐课司，在板浦东设中正盐场，将莞渎残存的盐场划归中正盐场管理。莞渎蒲镇的盐场、天赐盐场逐渐消失，原来的盐户盐民纷纷自谋出路，迅速转移他处，莞渎蒲镇失去了服务对象后，盐业经济也就逐渐衰败下去了，往日的繁荣景象不再，很快萧条下去，原来的古莞渎河在清朝末年也一并消失了。

## 4.2　古盐道的沧桑变迁

我们平时在看古代小说、影视作品时经常听到漕河、漕运、盐帮、盐商等这样的字眼，可见在古代经济发展离不开盐业，其实从汉武帝时期，国家政府就实行"盐铁专卖"的政策，一方面国家把重要的战略物资盐牢牢掌握在自己手中，另外一方面，通过这样的做法，对盐业进行垄断可以赚取高额的利润，增加政府财政收入。

在江苏的古代经济发展中，不能不提到盐业的发展，这也就不能不说到运输食盐的河道，这就是古盐道，专门运输食盐、柴火的河道称之为盐河，由于具有官方色彩，历史上也叫官河，上自今天淮安市杨庄运河闸，下至板浦，全长144.8公里，清代称为盐场河。又一种说法是指自今天灌南县新安镇南（旧海州南界）即灌南县原新安乡袁圩附近，向北直接到达板浦，习惯上称之为场河或官河。从袁圩向南经过灌南县新集乡至涟水县五港镇的附近一段，习惯上称之为平安河或平望河。再向南至杨庄运河闸口的一段称之为中河或下中河，流进灌南境内的有平安河和盐河两段，不过如今人们把从杨庄到板浦都称为盐河，总之这是两淮至海州运输食盐的主要通道。

盐河，是沟通淮安市和连云港市的重要河道，也是淮北之盐南运的航道。被盐河流域的人民誉为自己的母亲河、生命河。盐河，比境内任何一条河流都神奇，民间传说：再怎么干旱的季节，其他河流都干涸了，唯有盐河不干涸。《民国淮阴征访稿·河川》载："盐河的河槽底比黄、运、淮河的底都深。盐河自诞生以来，从未干涸过。"民国七年，数月无雨，中运河及很多河渠都干涸见底，唯盐河有水，几十里开外的农民都跑到盐河里挑、抬、提水。解放后的20世纪60年代，盐河流域几次大旱，秧苗无法栽插，籽种不能入土，盐河两岸人民架起水车翻水进行灌溉播种，或是车拉人抬进行浇苗，最大限度地保障了盐河两岸人畜饮水和秧苗栽插。真可谓悠悠盐河水，不尽海西情。

盐河的历史貌似简单，传统的说法和灌河不同，她完全是一条人工河，开凿于唐武则天垂拱四年。《唐会要》载："垂拱四年（688年）开泗州涟水县新漕渠，以通海、沂、密等州，南入于淮。"《读史方舆纪要》载："宋元符初（公元1098～1100年）淮南开修楚州支家河，导涟水与淮通，赐名通涟河。"即为盐河的前身。清康熙二十六年（1687年）重加开浚，用以转运淮北盐内销，因名盐河或运盐河。其实，从现有的史料来看，涟水以北、新浦以南这一段盐河最早可以追溯到古代的游水。

　　游水，在历史上曾是联结淮河以北近海地区、与海岸线大体平行的一条重要河道。《汉书·地理志》、东汉桑钦的《水经》、北魏郦道元《水经注》均有记载。《汉书·地理志》注："游水北入海"。《水经·淮水》注对淮水尾闾最东面一条支流——游水作了记述：游水南由涟水县入淮水，其向北则历朐县与沭水汇合，又曲折向北、向东北流至赣榆县入海。《水经·淮水》注："淮水于（淮浦）县支分，北为游水，历朐县与沭合，又迳朐山西……游水东北入海，旧吴之燕岱，常泛巨海，惮其涛险，更沿溯是渎，由是出。"（注：淮浦，涟水县古称）。《中国历史地图集》第二册、第四册画出的游水上游与今连云港到淮阴的盐河一致。伴随东晋南北朝的战乱和政区的变乱，隋唐以前沭河下游河道和政区的旧迹渐渐湮没，再加上邗沟改道，使得游水这一名称在隋唐以后逐步从历史的长河中消失，也在盐河的历史与文化中从人们的视线中消失。唐代以后的众多正统国史中，已经找不到游水这个古代河流的名称，游水，似乎成为传说中的古河流了。

　　涟水至新浦间的盐河并非人工河，唐武则天垂拱四年在这一段并非新开凿河流，而是在古游水的基础上进行大规模的整修和局部重新开挖。明代在海州西南四十里旧银水坝旧址重新修建新坝，西挡沂水、沭水，东阻海潮，组织人力疏通涟水与盐河，盐河就成为了莞渎铺镇盐场、天赐盐场、淮北盐场等三盐场的盐课运输与淮阴河工地柴运的主要通道，成为名副其实的官河。后来在盐河上还修建了五滚水石坝和六曹堰蓄水漕运，盐河的繁忙迎来一个发展的高潮期，每天在盐河上盐柴两运的商船络绎不绝，官舫林立，不下600余艘，明《海州志》记载：盐河上"官舫估舶，帆船相望"，清代乾隆时期有一河督曾经写诗一首，称赞盐河的繁荣景象：

> 长风吹急浪，短艇一帆悬。
>
> 已逐云浮水，还随雁落川。
>
> 人喧灯接岸，犬吠夜行船。
>
> 健马愁泥滑，兼程此独先。
>
> ——管干贞《盐河风帆》

　　在明朝中后期到清朝康熙年间，黄河水经常泛滥，夺淮入海，与泛滥的淮河水相通的盐河也没有能够幸免，在盐河的南边段中河中，在清朝康熙帝在位期间，即1696年，黄河水在今天的涟水县时家口码头（即今天涟水的时码）

决口，北下中河，水势迅猛，两岸堤防都溃决横流，当时的五港、长乐、渔场三镇都被淹没。灌南境内的一些河流如莞渎河、小潮水河也受其影响，泛滥成灾。后来有些河道被黄河水带来的泥沙淤积成平地。有的地方河道长期得不到修理被废弃了。我县境内的盐河西

古代盐河与龙沟河交界处

通南、北六塘河，东连武障河、龙沟河等河流，当发生自然灾害时，本可以及时泄洪保证畅通，然而黄河水的泛滥，有些河道被堵塞失去了泄洪的功能，每年洪水季节来临后，盐河两岸的农田植物常被淹没，有的作物三麦、高粱不等收割，便沉入了一片汪洋，村民便到处找高地逗留，各个村庄都成了一个个孤岛，村民往来只有用门板或小渔船。盐河两岸人民生活困顿，苦不堪言，盐河的泛滥给人民带来深重的灾荒、灾害。

面对这样的情景，清政府曾经治理过，乾隆年间海州知府曾经上书朝廷，申请治理盐河，1746年至1748年间，在盐河东岸各河口（如武障、东沟、义泽、六里、东门、新安镇渡口等）开一引河，都修筑草坝和滚水石坝，便于洪水季节泄洪、枯水季节蓄水，既解决了漕运问题，又解决了农田被淹问题。清朝乾隆后期，由于朝廷撤销六塘同知，没有人专门治理六塘河，随着时间的推移，河床的抬高，水坝渐渐失去了作用，洪水仍然给灌南人民带来灾害。嘉庆年间，即在1804年，清政府曾经下拨巨资，又一次治理盐河的淤塞问题，然而这次修理盐河并没有多大工程，仅仅在盐河东岸的几个河口修筑草堰，以利于冬春蓄水漕运，废弃了滚水石坝的功能，盐商为了保证漕运畅通，只得年年投巨资在盐河口岸武障、东沟、义泽、六里、东门、新安镇渡口打草堰蓄水，南北漕运商船汇聚在今灌南县城新安镇草堰两侧，绵延数十里地。盐河两边码头搬运工人人山人海，搬盐搬柴过草堰，这边上船，那边下船，比较热闹。朝廷只顾盐税盐捐，盐商只顾漕运畅通要盐要钱，他们都不顾老百姓死活，老百姓为了活命，年年在盐河两岸为保农田不给开堰泄洪，盐商为了漕运就要泄洪，彼此经常发生打群架事件，农民与盐商的纷争一直不息，这种情形一直持续到民国年间。

### 4.3　古今海西渔业经济

灌南县地处沂、沭、泗河下游，过境水量较大，境内河流众多。全县淡水、海水资源丰富，海、淡水交汇更是独具特色。水资源比较丰富，全县有由15条干河组成的河流网络，使灌南县穿江达海，帆樯林立。淡水主干河长380公里，与大、中排灌系统织成灌溉、排涝、蓄水、航运网络，可充分满足工业、生活用水。丰富的水源形成的40多万亩水域可进行多种水产品养殖。堆沟港背靠大海，总揽百川，是串接海河的明珠海港，东部的海域是捕捞、海水养殖和化工制盐的理想之源。被称为灌南"母亲河"的灌河，与武障河、六塘河等五水交界处的武障河生态园，碧水蓝天，林木葱郁，田园乡土气息十分浓厚，境内拥有15万亩水面，鱼鲜蟹肥，香藕满塘，是发展水产养殖和水生蔬菜种植的优势条件。

在古代海西的时候，地虽荒芜，然古海湾时期形成的硕项湖盛产鱼虾，熬盐业兴旺发达。后来苏南移民在朐南境内繁衍子孙，人口日渐稠密，时有徽州商人在渔场口（今原硕湖乡辖地）以贩盐为业，获利甚厚，日积月累，遂成富户。徽民以米、酒、布、麻与当地人易换食盐、鱼虾，遂在贸易之地建立集市，名"悦来集"，取其商贾乐于来此贸易之意。后来徽民人口大增，其中10余家想在渔场口建立集市，以拓展商业。有一个叫程鹏的富商，对众人道："我等徽人欲在此创立大业，需寻找土地肥沃、土质凝重，架屋盖房，才能坚固耐久。事关子孙永远，不可轻率。"于是众人秤土，发现渔场口土轻，今新安镇土重，便央人与当地惠、周等大族恳商，以重金购买土地一块，供立足经商之用。明隆庆六年（1572年），他们购地一块，建街设市，生意兴隆。

今天的灌南渔业经济已经初现规模与效益，从县史志办编制的2011年鉴数据记载看，2010年，全县渔业生产按照"渔业增效，渔（农）民增收"的总体要求，坚持以科学发展观为指导，以"高效、现代、生态、安全"为目标，以体制机制和科技创新为动力，调整优化结构。全年实现水产品总量31900万吨，渔业总产值3.8亿元。

【淡水养殖】全县淡水养殖面积2600公顷，其中池塘养殖2600公顷，投放苗种3960吨。淡水养殖产量21357吨。养殖品种主要有"青、草、鲢、鳙"四大淡水鱼，以及河蟹、南美白对虾、青虾、建鲤、银鲫、胡子鲶、乌鳢、翘嘴红鲌等。

【名特优水产养殖】全县名特优新水产品养殖面积823公顷，总产量3826吨。养殖品种主要有河蟹、甲鱼、南美白对虾、青虾、黄鳝、鲶鱼、翘嘴红鲌、黄颡鱼等。

【海洋捕捞】全县海洋捕捞产量5935吨，全部为近海捕捞。投入海洋生产渔船75艘。

【生态健康养殖】2010年通过开展虾蟹生态健康养殖模式，取得了可喜的成绩，3000亩虾蟹生态养殖实现总产量225吨，总产值2500万元，平均亩产商品蟹75公斤，商品虾10公斤及鳜鱼5公斤，商品蟹平均规格2.5两/只，最大规格5.3两/只。亩平均产值7500元，亩均创纯利4500元。人均创收5000元以上，带动800余人致富。

【渔业园区建设】2010年成立了灌南县虾蟹生态养殖示范园，园区虾蟹养殖面积3000亩，被市海洋与渔业局评为2010年度全市十大渔业示范园。园区采取"协会+专业合作社+基地+农户"的运作模式，全力打造"硕项湖"品牌。

【水产品质量建设】2010年，继续加强水产品质量建设，共制定河蟹生态养殖技术操作规程、南美白对虾无公害生产技术操作规程、翘嘴红鲌养殖技术规范、青草鲢鳙鱼养殖技术规范等地方性生产标准4个，新创无公害养殖基地200公顷，新创无公害产品1个，完成水产品品牌商标注册1个。

【灌南县虾蟹生态养殖示范园】灌南县虾蟹生态养殖示范园位于新安镇尹湖村，占地面积3000亩，总投资3000万元，其中2009年投资1400万元，建成1400亩。2010年投资1600万元，建成1600亩。已形成了规模化标准化虾蟹生态养殖基地3000亩，2010年11月顺利通过市级现代渔业示范园考核，主要生产"硕项湖"牌中华绒螯蟹，2010年3000亩基地顺利完成无公害产品及产地一体化申报工作。园区采用基地+合作社+农户的运行机制，现有合作社成员35人，生产上依据生态养殖理念，通过科学管理，使不同生物在同一环境中共生、互补、互利，大幅度提高养殖综合经济效益。即人工模拟虾蟹在江河湖泊中的自然生态环境，通过栽种水草（苦草、伊乐藻、轮叶黑藻等），投放鲜活螺蛳等途径，一方面为虾蟹提供品种齐全、营养丰富的动植物适口鲜活饵料，另一方面通过池底螺蛳的滤食和水草的光合作用吸收水中的二氧化碳，增加水中的氧气含量，分解、净化、吸收虾蟹的粪便、残饵及其他有毒有害物质，达到池塘水质清新、溶氧充足，低碳排放，无污染，实现养殖生态、环保、无公害的目的。3000亩虾蟹生态养殖全面开花，平均亩产成品蟹75kg/亩，平均规格2.5两/只，最大雄蟹规格5.3两/只，最大雌蟹规格3.4两/只。亩可产商品虾15公斤，鳜鱼10公斤，花白鲢50公斤，2010年实现鱼虾蟹总产量505.3吨，总产值2570.46万元，创利1359.6万元，平均亩创纯利4532元。

【灌南县虾蟹生态养殖示范园发展规划】

2012年，在新安镇尹湖村、吴圩村、三口镇的大北村发展虾蟹生态面积5000亩，园区生态养殖面积达到1万亩，其中大规格蟹种面积600亩，总产值1.2亿元，亩产商品蟹70公斤、小龙虾25公斤、青虾15公斤、鳜鱼20公斤、淡水鱼50公斤、商品蟹平均规格4.0两／只以上。亩平创纯利5500元以上。带动周边1200户农民致富。

到2015年，在三口镇大北村、大岗村、何荡村将再发展虾蟹生态面积1万亩，园区生态养殖面积达到2万亩，其中大规格蟹种面积1000亩，总产值3亿元。亩产商品蟹75公斤、小龙虾50公斤、青虾25公斤，鳜鱼20公斤、淡水鱼50公斤、商品蟹平均规格4.5两／只以上。亩平创纯利10000元以上，带动周边3000户农民致富。

素有"苏北黄浦江"美誉的灌河流经江苏省灌南县长茂村境内，河水中滋生出一种名叫"淡水藻"、当地人称"虾籽"的水生物，量大质优。这种水生物既可作为螃蟹、甲鱼等特种水产品的饵料，也能作为食品端上餐桌，虾籽酱、虾籽圆已成为灌河两岸宾馆、酒楼一道特色菜肴，深受客户喜爱，且供不应求。市场行情最好时，每公斤售价高达5元，正常情况下每公斤市场价2元左右，当地人称之为"软黄金"。瞄准这一商机，江苏省灌南县长茂镇长茂村村民购买船只入河捕捞。目前，该村捕捞户已增加到120多户，最多的户拥有三艘捕捞船，一般户年收入8000元以上。随着产量增加，还造就了一批经纪人，目前该村有12位经纪人专业从事虾籽贸易，将这一特产打入安徽、山东、上海以及本省苏南等地市场，年销售量1500吨以上。

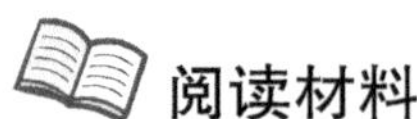 阅读材料

材料1：红学研究者、辞赋作家王卫球的《盐河赋》

盐河赋

——灌南篇

盐河者，漕河、官河之别称。或曰：下中河、外河。乃苏北命河，海西川

渎也！浚通于唐垂拱，拓展于清康熙。连淮入涟，长一七五公里；走龙游蛇，美上千载淑姿。起王营奔朱码，波润裕野；穿新安下伊山，恩湛盛时。绵绵穰穰，澜吞浩旻；混混沄沄，泽酟长诗。至于灌南，得其滂沱，庆衍祥臻；沾其丽华，家丰廪实。堪为杰灵之府国，自成明煌之临淄①。呜呼！天河哺育两岸，千载文漾；强县飚亢云天，万代景承！

旧史煌煌，商、薛德音；神迹灿灿，鲁、楚灵氛。木積積盐卤大地，水淑淑商埠渔村。海侯西国②，李广利之旧邑；花园残垣，晋废帝之故城。雅事留踪，子瞻（苏东波）乘兴赴赣榆；旧闻存香，米癫（米芾）饶乐傍湖滨。武障河汝忠（吴承恩）采风，聚福寺郑燮（郑板桥）遗馨。回龙庙新顺③唪经，观音庵白尼④呗文。缵绍厚元，州牧⑤捐匾千佛寺；昂立宗庙，状元⑥题词新安镇。叱咤风云，李世民征战海疆；蓄势待发，刘皇叔屯兵水滨。上马台见罗成之勇，关帝庙拜尉迟之愔。武将三徐，更兼宋兴、刘遵、朱洪⑦；儒畯二赵，外加明远、令辉、应熊⑧。画国三家，汪江、王小古、阎瘦山；墨客长风，赵镇、王逸岑、程万里（程鹏）。慨清贞烈碑损，小村别绪⑨；惜元荆州阡残，空烟失萌⑩。

观乎盐河美景，自然虚恬；城邑迷人，无限风光。游白练于迥碧，开金津于皋壤。既婉然而静谧，尤聚利且顺航。名湖依傍，惊云霞之璀璨；孝阁浦临，响梵宫之琳琅。轻桡骈流，渔舟唱暝色之晚；猛舸逆飚，豪情铺鸿运之长。五龙腾欢，鸥鹭乘和；潮河涌兴，烟林理妆。风开柳眉，姿悠悠而氄氄；月落清渠，色粼粼而煌煌。云日辉映，引仙人以袤往；空水澄鲜，招帝驾而昭彰。丝纶斜钓日月，虑儋物轻；炎树浓裹村庄，天运谷香。莺语不绝于竹筠，游鳞振翅于清湘。掠动厦林，春水临宅；点缀花都，纯漳保康。薄旅何幸？嘈嘈鸟雀狂欢；惬意罔垠，络绎商贾嘉祥！

于嗟！丰腴灵地，焕文明于奕世；富庶新镇，恢生态于河润。得杰地之灵佑，新象呈旺；辉奥府之宝气，老城添韵。启工业之椎轮，奠农耕之根本。连盐淮之繁华，道劈险阻；入海河之澶漫，源借诚信。东城西城，城城耀扶桑之紫气；北桥南桥，桥桥布水乡之云阵。七政合穆，敷扬天化；四豁交泰，翊赞丰稔。一河之荣，尽显海西之曼妙；万民之幸，同歌名县之玉振。呜呼！何为盐河之旗旌？实乃灌南之风范！斯河之功勋永驻，即灌南之精神永存也！

——摘自2016.2.9王卫球博客上修改版

**【注释】**

①淄博，乃水边。这里特指临盐河而建的灌南县城。

②海侯西国，在灌南县境。汉武帝子舅李广利封邑。

③新顺法师，民国政府江苏省佛教协会副会长。长期在灌南新安镇传教。

④白尼，据《文史资料编辑一》记载，在观音庵有一白发白肤女子在此修道。

⑤乾隆三十一年，千佛寺修葺一新，州牧许松佶赠庙中方丈德诚法师匾曰："千佛一尊"。

⑥新安镇镇之五牌有彤华宫。当街有文昌阁，阁下有两门，可通车马行人。康熙年间，状元汪应铨题有匾额，有一联曰："风黄山秀气，振东海文风。"

⑦"三徐"，指徐淑、徐璆父子和徐宣。"三徐"和"宋兴、刘遵、朱洪"是灌南历史有名的六位武将（见成彦明《灌河史话》）。

⑧"二赵"，即新安镇为叔侄关系的赵子扬（字必显）和赵良箴（字竹咸），他俩及堆沟港镇的曹应熊（西园）并称"灌南三举人"。鲍照和其妹妹鲍令辉并称"海西文杰"。

⑨《嘉庆海州直隶州志》载：有汪氏女未婚丧父，终身未嫁，州府申奏，于新安镇镇郊大队立一牌坊。此碑毁于"文革"，但其故事流传至今。

⑩据灌南文史记载，时在郑于大队租地有元荆州分道巡抚周宇、周宙兄弟之墓，但可惜毁于"文革"，其事仅存于年老者的记忆中。

材料2：中央电视台第4套《走遍中国》栏目之《今古传奇》纪录片解说词

吴承恩与二郎神

（画面：播放《大闹天宫》的动画片）

记者：这是上海美术电影制片厂导演万籁鸣先生1961年创作的动画片《大闹天宫》。在这部堪称经典的动画片电影中，孙悟空不畏强权，对抗天庭，杨戬作为天庭中第一战神与孙大圣斗法，许多人正是通过这样的方式认识和了解二郎神，他是以一个旧势力忠实的维护者形象出现在公众面前的。（2011年春　中国　江苏　灌南　画面：渔民出海前祭拜场景）

记者：据说像这样的祭拜仪式，在灌南县渔民中十分普遍，在当地渔民看来，这种延续了几个世纪的仪式，不仅能令渔民在新年伊始有个好的收成，还可以求得一位神仙的庇护，而这个神仙就是"二郎神"。

为了感受渔民的生活，在他们的邀请之下，摄制组登上渔船，灌河作为流进灌南县全境的一条黄金入海通道，自有文字记载以来，便成为影响苏北经济的大动脉。它不仅内连盐河、京杭大运河，通达长江、淮河，更是可以直通黄海、东海、渤海、南海四大海域。几个月的休渔期令渔民此时蠢蠢欲动，仅仅半个小时的航行，大陆正开始逐渐消失在海平面的另一端，渔民们开始忙碌起来，渔网被有条不紊地抛入大海中，接下来就是静悄悄的等待了。（1个小时后）

对于我们这些生活在内陆的人来说，1个小时的等待，似乎并没有给我们带来多少喜悦，相反，渔民们却是个个脸上挂满了笑容，因为在他们看来，如今能在近海捕获到这么多鲈鱼已经是非常难得了，渔民们坚持认为不久前的祭拜灵验了，是二郎神给他们带来了运气。在灌南县地区为什么会出现崇拜二郎神现象？有关于二郎神的种种传说在当地流传着很多版本。张步军（原灌南县博物馆馆长）对灌南地区出现的二郎神现象曾多次做过专项调查，在他看来，在已知的文献记载中，所描述的二郎神形象让他倍感亲切，甚至认为二郎神就是现实中灌南当地渔民的化身。

张步军：你看二郎神使的兵器，它这个叫三金连刃刀，实际上就是我们这边海边的渔民捕渔的那个鱼叉，它的鱼叉就是钎和刀的融合，所以那个三金连刃刀呢，前面还带了一个弯，杀伤力很强。

记者：在张步军看来，二郎神的出现是与当时社会背景分不开的，由于当地水患频发导致水患成灾，而当地渔民在抗灾中起到十分重要的作用。久而久之就有了许多被传为佳话的故事，而这些故事在民间传播中就变成了传奇，最后就有了二郎神这个最初的原型。灌南文史学者殷红坚认为水网密布的灌南县，自古以来就有许多难解的自然之谜，这也为神鬼小说提供了丰富的素材，有一个版本的《西游记》最后附了一章。

殷红坚：它讲的就是玄奘的爸爸陈光蕊，他考取了状元以后，回来带玄奘的母亲到江西赴任，在走到灌河口的时候，被两个歹徒劫持推入水中，最后他爸爸并没有死，而是被龙王救出来了，为什么龙王要救他呢，因为他带玄奘妈妈上任的时候，她生病了，玄奘的爸爸去弄条鱼给妈妈吃，他看这个鱼活蹦乱跳就放生了，这个鱼就是龙王，现在我们"大鱼拜龙王"这个景观，实际上就是根据这个来的。

　　记者：在殷红坚看来，古人对水的敬畏，更多是来自未知，而这些超自然的现象就被善于想象的古人赋予传奇色彩。据《灌南县志》记载：每逢闰月之年春暖花开之际。在灌河的出海口会聚集起成群巨型鱼，它们结队随潮水游入灌河，其景象十分壮观，这种现象被当地人称为"大鱼拜龙王"。《西游记》作者吴承恩，这一别出心裁的写作手法，让我们萌生了一种猜测，既然小说中《龙王报恩》的故事桥段取材于现实世界中自然现象，那么《西游记》作者吴承恩一定对灌南地区的自然现象和当地民风有着深入的了解，带着疑问，我们进一步走进灌南。（画面：悦来河　一茶舍中一名民间艺人在唱书，另外一名民间艺人在露天家门前敲锣说着二郎神的故事）

　　记者："唱书"这种在淮海地区流传了200多年的古老艺术，如今依然是灌南老百姓生活的一部分。有关二郎神的各种传说依旧以它最为朴实的方式在民间流传着，没有人否认一部流行几百年的神鬼小说，在今天依然吸引着人们的视线，而有关这部小说的作者依旧是历史学者研究的对象。

　　吴承恩，字汝忠，号射阳山人。他出生在一个由下级官吏沦落为小商人的家庭，吴承恩自幼勤奋好学，成人以后非常喜欢搜罗神鬼故事，这对他日后创作《西游记》产生了巨大影响，在他知命之年，吴承恩终于拿起手中的笔，历时七年的时间完成宏天巨作《西游记》，这部影响世界数百年的文学作品，直到今天仍然为世人留下许多未解之谜。（画面：西游记文化研讨会）

　　记者：李洪甫作为《西游记》第三版的修订人，一直以来都在寻找着影响吴承恩思想的秘密，在他看来，曾在灌南生活写作的吴承恩之所以能创作出《西游记》，一定与当时风靡一时的二郎神文化游着密切的关系。（注：李洪甫为连云港市博物馆原馆长）

　　李洪甫：杨二郎的传说跟老百姓的生活息息相关，跟吴承恩的生平、生活处境，跟他所遇到的自然灾害也息息相关是情理之中的事情，那么二郎神呢，实际上他是个水神，他的原型是治水成功的英雄，那么老百姓就把他神话了，神话成杨二郎这么一个水神后，以为东海这个地区就是淮河水、其他河流、支流流向大海的入海口地区，这种关于杨二郎的传说非常丰富。（画面：地点在灌南北陈集乡旗杆村的一女青年村民）

　　一女青年村民：二郎神与孙悟空打架的时候，孙悟空变成了一个旗杆，二郎神赶过来了，有一个旗杆庙在我们这边。

记者采访当地一老村民：大爷，您知道咱这村附近有什么庙吗？

这位老村民向南一指：那边有这么大一个庙！

记者：那庙供的是什么神？

老村民：供的是二郎神！

记者：您小时候见过吗？

老村民：见过！

记者：在《西游记》的第六回里，二郎神受天庭派遣捉拿孙悟空，孙悟空为逃避二郎神的追杀，利用七十二般变化与其斗法，当孙悟空变作土地庙时，却错将自己的猴尾巴变成一根旗杆，因此暴露了自己的变化。吴承恩对于这样的章节的描写，学者们推测作者对于灌南地区的文化和民风有过深入的了解。

李洪甫：我们这个地方做了官，中了举，家里就竖个旗杆以光耀门庭，那么孙家就是孙旗杆，杨家就是杨旗杆，杨二郎就是孙杨斗变。

殷红坚：写作的时候（吴承恩）本人应该到过、在过，一定会在我们灌南的，理由很简单。因为他书中描写的许多事物、场景，我们这里都有，那里老百姓在我们访问的时候，他讲他小时候就经常在那里拾到玉器带在身上玩的这个庙还存在。那么这些庙宇文化、二郎神文化肯定对吴承恩有影响。

记者：虽然殷红坚所说各类庙宇，随着时间的推移，如今都已不复存在，但旗杆村、高老庄的这些地名却在灌南当地一直沿用至今。史料记载吴承恩是明代淮安府山阳县人，也就是今天江苏省淮安市楚州人。从地理上看，今天的灌南县，在明代时的确属于淮安府管辖。灌南的灌河一直是淮河众多入海支流中的重要一条。古时候淮安人最便捷的出行方式就是乘船，从淮安到灌南，如此一来，吴承恩创作《西游记》时来一趟灌南采风倒也不足为奇，事实上确实如几位老人所说，吴承恩一生的确与灌南县有着千丝万缕的联系，许多史料对吴承恩在灌南的生活经历也都有记载。1989年在灌南硕项湖乡，发现的一块当年吴承恩为乡人题写的墓志铭石碑，让灌南当地研究吴承恩的学者们大为兴奋，就此证明吴承恩曾经生活在灌南，又多了一个有力的物证。（画面：展示吴承恩撰写的墓志铭）

张步军：这个上面就是吴承恩撰写的墓志铭，这一行就是"射阳吴承恩撰"，表明这个墓志铭是吴承恩撰写的，他这个每边都是九个云纹，表示着升到九重之天，这块墓志铭有一定的文学历史价值。

记者：吴承恩并没有在《西游记》里给杨戬这个人物留下太多的笔墨，二

郎神仅仅在第六回"小圣施威降大圣"的片段中出现。（画面：西游记中二郎神捉拿孙悟空时，被孙悟空以言语故意挑逗激怒的场景）

记者：孙悟空一句话激怒了血气方刚的灌江二郎神，于是一场恶战在所难免，吴承恩用精彩的文字向我们描述了一段孙悟空与二郎神在灌江口的精彩对决。然而据《灌南文化史鉴》记载，二郎神的出现早于明代以前，明代时已为更多老百姓所熟知，但是为什么《西游记》的作者吴承恩没有向读者更多地交代这位降服孙悟空的二郎神呢？在崇尚二郎神的那段时期，这位他生活中最亲密的神话人物又有着怎样的身世呢？

张步军：当年有一户姓杨的人家，他们的父母早去世，只留下一个儿子叫杨天佑，这个杨天佑年轻的时候聪明好学，因为父母死去，家里很穷苦，最后他的姑母收养了他，在我们这个地方，还有一个习惯就是每到元宵节都要大放花灯，今年在这个地方又大放花灯，放花灯的时候惊动了天上的一位仙女，他厌倦了天宫的生活，就下凡到人间，在逛花灯中，邂逅了杨天佑，后来就与杨天佑结为夫妇，第二年生下一个男孩，起名叫杨戬，小名叫二郎。

记者：杨二郎的母亲是玉帝的三妹，名叫瑶姬。瑶姬因为私自下凡，并与凡人成婚生子，违犯天规，被玉帝囚禁在桃花岛，杨二郎长大以后，为了救出困于岛上的母亲，上昆仑山学仙术，此后力战天兵天将，劈开桃花岛救出母亲，最终荣归天庭，位列仙班。在《西游记》中吴承恩对二郎神的出场，作了这样的描述：仪容清俊貌堂堂，两耳垂肩目有光。腰挎弹弓新月样，手执三尖两刃枪。心高不识天家眷，性傲归神住灌江。赤诚昭惠英灵圣，显化无边号二郎。从此处我们不难发现，吴承恩在写二郎神这个人物的时候，对二郎神的身世背景早已了然于胸，这是因为早在元代的一些杂剧中就已经有二郎神这个神话人物的存在，吴承恩是元代之后的明朝人，自然熟知二郎神。

张步军：在灌南范围内，因为河比较多，水患比较多，所以人们就希望有一位征水的水神来管住这泛滥的河水、发海啸的海水，所以地方老百姓，这个当地渔民在沿灌河沿岸到处建有祭拜二郎神的庙宇。

记者：千百年来，依水而生的灌河百姓，养成了对河流和海洋格外敬畏的独特习俗，也让同样目睹水患危害的吴承恩，将自己对摈除水患的美好愿望写进了小说《西游记》。吴承恩在《西游记》中创造的妖魔鬼怪大多与水有关，而且它们最终的结局大都被消灭或改邪归正，为了让唐僧的取经团有能力对付路上的水怪，所以唐僧的三个徒弟也被吴承恩赋予了下将入海、来去自如的本事。虽然现如今许多史料都证明淮安人吴承恩在灌南有过多年的生活经历，但灌南重要的盐文化却并没有被吴承恩写到《西游记》中去，而在灌南的盐文化中，二郎神同样有着不可或缺的地位。

李洪甫：这个盐河跟淮盐文化是紧密相关的，因为水神也是管盐，水不顺哪来的盐，特别是在海边滩涂地区，所以盐民他也敬仰水神，也希望水神给他们带来方便，带来好处。

记者：因为盐是百姓生活中的重要的必需品，需求量巨大，所以也是历朝历代的重要税收来源，因为灌南自古产盐，所以当地至今留有许多条专供运盐的人工河。时光流转，昔日用作运盐的人工河，今天仍在给灌南百姓的生活带去便利，想必吴承恩和二郎神都不曾料想今日灌南大地，早已少了以往的严重水害，百姓安居乐业、生活美满，倘若二郎神施个仙法，邀来吴承恩同游现在的灌南，恐怕二位只能在孩子们的童谣里触摸到他们那个时代的壮丽的理想了吧。如今在灌南县城，一个二郎神文化遗迹公园正在兴建，这是灌南百姓在新时代里用新的形式表达对二郎神精神的崇拜，也是他们对美好生活的渴望和追求。智慧和力量的化身的二郎神也将继续成为助力灌南的精神图腾。

——摘自　2011 年 11 月 7 日中央台播放的内容

## 📖 活动与建议

1. 概述古代灌南盐业经济发展的表现，分析探讨造成古代灌南经济发展特征的自然地理环境因素。

2. 简单说出古代海西渔业经济发展的概况，根据阅读材料 2 做一次研究性学习作业，探讨古代渔业经济与二郎神文化的关系。

3. 了解灌南的独特的自然环境状况，论述 2009 年国家"江苏沿海大开发战略"的提出给灌南带来的机遇和挑战。

# 专题五　　海西洼地崛起与知名企业

2002年，灌南全县没有一个工业项目区，连续几年工业用地为零，除汤沟酒厂以外的工业税收也只有1000多万元，于是就形成当地一句俗话："一瓶酒财政。"短短几年后，灌南这个苏北的"经济锅底"却因为经济的迅速发展而收获了"灌南现象"、"灌南速度"、"灌南模式"、"洼地崛起"等一个个响亮的名字。无论是灌河半岛新区、经济开发区繁忙的生产情景，还是大街上林立的高楼和熙攘的人群，都让人对舆论的那句评价深信不疑：最具活力是灌南。如今的灌南也确实今非昔比。2010年，全县实现地区生产总值140亿元，财政总收入达到44.34亿元，城镇居民人均可支配收入13952元，农民人均纯收入达6199元。勇夺全市综合目标考核"八连冠"，连续五年荣膺全国最具投资潜力百强县，综合实力挺进苏北第一方阵。[①]

## 5.1　灌南经济崛起

有着75万人口、县域面积1041平方公里的灌南县，长期以来，因受历史和地域等多种因素的影响，发展相对滞后，经济总量一直位居全省末位，被称为苏北洼地的"锅底"。2005年，江苏沿海开发会议在盐城召开以后，灌南在第一时间作出反应，组织了首届灌河发展论坛，启动实施灌河开发，成功抓住了第一轮沿海开发机遇。经过4年多的努力，灌南在境内灌河深水岸线上大力发展临港重化工项目，培育了钢铁、造船、化工三大特色产业。其中江苏连云港化工产业园区是苏北地区唯一的省级化工园区，目前开发面积达16平方公里，现有企业126家，总投资91亿元。如今的灌南已经连续7年获得江苏省财政收入上台阶先进县、江苏省社会治安安全县，荣获"全国平安建设先进县"称号，综合实力跻身苏北前十强。2010年10月初，灌南连续第4年荣膺"全国最具投资潜力百强县"。

*灌南基础设施配套完善*

204国道、306、307省道贯穿全境，同三高速公路与宁连高速公路在境内合一，京沪高速公路擦境而过。北距连云港70公里，南距南京260公里。全县

---

① 灌南在线 http://www.guannan.gov.cn/List.aspx?folderid=84

公路总里程429公里，其中柏油路200公里，实现县乡黑色化。全县内河航运总里程250公里，可直通洪泽湖、大运河、淮河和长江。灌河是苏北最大也是唯一在干流上没有建闸的入海河道，河面宽阔、水域较深，万吨海轮可长驱直入，具备了河海相通、河陆相连、陆空相接的现代化大交通的基本框架。程控电话遍及城乡，农市话交换机总容量近5万门，形成了光缆、微波、有线、无线的现代化通讯网。供电网络覆盖全县，年供电量1.3亿千瓦，供电保证率达99.8%。此外，餐饮、文化、娱乐、卫生、教育等设施较为齐全。[1]

灌南的产业优势明显

工业发展初具规模。形成了酿酒食品、化工医药、机械制造、棉纺棉织、服装加工、粮油饲料、建材木材、缫丝丝织等多门类的工业体系。汤沟酒厂已发展成为年销售量3万吨、实现利税6500万元的国家大型企业；灌南压铸机有限公司是全国同行业唯一国家二级企业，被列为省高新技术企业，2000年各项指标综合评比名列全国同行业之首；天意消防器材有限公司具有公安部定点企业和省级名牌等无形资产；江苏新金花集团是我县棉纺行业的龙头企业，集棉花收购、加工、销售、织布、服装于一体，拥有下属企业17家；木材加工业发展迅速，现已形成17万立方米的加工能力；连云港协合制药有限公司生产的五妙水仙膏曾荣获尤里卡国际发明金奖，被誉为"东方神药"，BM口服液是高科技保健产品、国家级新药。汤沟牌系列酒、灌压牌系列压铸机、天意牌消防器材等均为"江苏省著名品牌"。汤沟酒、压铸机、桐杨木板材、五妙水仙膏、计量泵、中华蚁王酒、曲轴、灯芯绒、消防器材等产品屡次荣获国家、部、省优质产品称号，在国内外市场上具有一定知名度。

灌河半岛新区

2009年6月国务院通过了《江苏沿海地区发展规划》，将以连云港为龙头的江苏沿海开发提升为国家战略。面对这千载难逢的历史机遇，灌南县主动对接，抢占先机，以更大的力度推进灌河开发，在灌河开发总体定位上，将灌南东部的灌河以北、新沂河以南、204国道以东，包括灌南的堆沟港镇、五队乡、田楼乡、长茂镇四乡镇的这个区域定位为"灌河半岛新区"。将新区建设成以下几大园区。

---

[1]《投资者必读·江苏苏北概况》http://www.xici.net/d79652458.htm

● 船舶工业园：规划面积13平方公里，占用灌河岸线13公里，主要生产海洋工程船、大中小型海洋加油船、成品油船、散货船、化工危险品运输船等。着力打造全国知名的中小型船舶修、造、拆基地。

● 化工园区：规划总面积30平方公里，重点建设以精细化为主体、基础化工为配套、重化工为延伸的产业集群。

● 临港大工业区：规划面积15平方公里，可布置钢铁、港口机械、预制件、粮食加工企业20家。

● 循环经济实验区：规划面积约5平方公里，主要引进再生资源进行加工生产，提供相关产品和能源，设计年吞吐量200万吨。

● 现代物流园：灌河半岛沿线规划建设3个主港区、20个万吨级泊位。在长茂镇建设3.6平方公里的物流园区，重点以集装箱装卸为主，兼散货和农副产品。未来灌河港区将实现3000万吨吞吐量。

● 生态农业示范区：规划15万亩生态农场，农场中央规划配套完善的新农村安置点，外围则分层布置观光农业即生产农业园，实现农村与农业在融合中的新型整合。

● 两个新城：即在堆沟港镇西侧和204国道两侧分别建设"10平方公里，10万人口"规模的堆沟港新城和长茂新区，为整个灌河半岛新区的发展提供综合配套服务。力争通过3年左右的努力，实现规模以上企业超500家，汇聚5—10万产业工人，年产值达500—1000亿元，将整个灌河半岛新区打造成绿色化工——江苏化工产业核心板块、蓝色造船——全国知名的中小型船舶修造基地、金色物流——苏北现代物流中心、黑色冶金——沿海地区重要的钢铁基地。


## 5.2　知名企业风采


**江苏汤沟两相和酒业有限公司**

江苏汤沟两相和酒业有限公司现有员工1500余人，拥有资产总值3.7亿元，占地面积68万平方米，年产销大曲酒3万吨，年产值逾6亿元，企业连续多年跻身全国500家、全国轻工系统200家和全国同行业50家经济效益最佳工业行列，是全国著名年产销达万吨的国家级

名优酒酿造基地，企业拥有汤沟窖藏和两相和两大战略性品牌。1915年莱比锡国际食品博览会获得银质奖章。1979年汤沟大曲声誉鹊起，在江苏省评酒会上获得第一名，1985年我国首次赴南极考察队临行前只选中了汤沟特曲，考察队回国后特别赠送给汤沟酒厂六枚"南极长城站纪念币"。1996年汤沟53度特曲和汤沟蛇精液被选送参加第34届布鲁塞尔国际博览会，分别荣获金奖和最高金奖。2001年由"江苏汤沟酒厂"改制为国家控股的"江苏汤沟酒业有限公司"。2004年汤沟酒业进行了产权制度的根本改革，实现了从国有到民营的历史性跨越。成立了以全新机制运作的"江苏汤沟两相和酒业有限公司"。汤沟是"中国驰名商标"、"中华老字号"、"非物质文化遗产"，为"江苏省接待用酒"。"两相和"酒荣获"中国白酒工业十大创新品牌"、"中华商务用酒首选品牌"。[1]两相和酒是江苏汤沟两相和酒业有限公司着力打造的高档白酒品牌，其中有"天和、地和、人和"三个品牌系列。引用廉颇与蔺相如将相和的故事，刘禹锡湖光秋月两相和的诗句，于2001年注册了"两相和"品牌。明者与天相和，智者与地相和，仁者与人相和，集大成者两相和。近年，汤沟两相和也是捷报频传，两相和品牌被香港国际商品流通协会评为国际名牌产品，中国白酒十大创新品牌，汤沟酒酿造技艺被江苏省人民政府列为江苏省非物质文化遗产，汤沟商标被中国工商行政管理总局认定为中国驰名商标。醇和入口、古韵留心，得天独厚的生态环境，生生不息的酿酒文化造就了超凡脱俗、雍容华贵的汤沟窖藏酒，取天地之精华，酿人间之珍品，愿岁月成就的汤沟窖藏酒给全县人民带来高品位的享受。

天意消防器材有限公司

　　该公司始建于一九九八年七月，是主要从事灭火器生产与销售的专业厂

---

①http://baike.baidu.com/view/4185224.htm

家。主要产品有：手提贮压式干粉灭火器、二氧化碳灭火器、手提贮压式机械泡沫灭火器、推车式干粉灭火器、不锈钢灭火器及灭火器配件等五大系列近三十个品种的灭火器产品及三百三十多个规格品种的轴承座产品。　总公司现位于江苏省灌南县经济开发区新海西大道，距宁连高速公路灌南出口仅1000米。下设苏州、兰州两个公司。公司总占地65000平方米，建筑30000平方米，拥有固定资产3500多万元，流动资金3000多万元。自1987年起连续荣获省市"明星企业"、"文明企业"、"江苏省质量信得过产品"、"江苏省科技民营企业"、"A级纳税企业"等荣誉称号；2003年5月公司通过ISO9001：2000质量管理体系的认证；2006年"灌河"牌商标被认定为"江苏省著名商标"；2007年企业被省科技厅认定为"高新技术企业"。公司产品成功出口俄罗斯、韩国等国家，其手提式不锈钢灭火器被省科技厅认定为"高新技术产品"，并通过韩国KGS组织验收，目前正大批量出口韩国。公司国内销售网络健全，在三十多个省市设有办事处及代理商，产品始终供不应求。目前，公司已具备年产300万具各种灭火器及300万套轴承座的生产能力。2008年实现产值过亿元，上交税金710万元。公司现有员工280人，其中高级工程师2人，工程师8人，技术员20人，经济师3人，会计师2人，经考核合格的生产岗位中级以上技术员工230多人。主要生产设备180多台套，检测试验设备齐全。

灌南压铸机有限公司

成立于1971年，是专业生产各种规格型号压铸机和金属型铸造机械成套设备的中型重点骨干企业，也是全国同行业唯一的国家二级企业。集压铸机、压铸件、建筑机械等为一体的中型重点骨干企业，成为国内最具影响力的压铸机制造企业之一。主要产品有卧式冷室压铸机、立式电机转子压铸机、金属型铸造机械成套设备和有色金属压铸件等六大系列近四十个规格品种。年生产铸机500台，压铸件1000

吨。灌南压铸机有限公司曾先后被评为省技术进步先进企业，省技术改造先进企业，省高新技术企业，省民营科技企业，"灌压"牌被评为江苏省著名商标。产品被评为省高新技术产品、省名牌产品，江苏省优秀新产品（金牛奖），拥有四项国家实用新型专利。并通过了ISO9001国际质量管理体系的认证，经济效益综合指数在同行业中始终名列前茅。[1]

### 灌南西湖工业泵有限公司

该公司原名是江苏灌南西湖工业泵厂，是一家民营企业。公司现有职工150人(大专以上学历的占职工总数的40%)，年产值1000多万元，利税200多万元；主要产品有九大系列数百个品种的计量泵，主营：计量泵故障排除；耐腐蚀性能对照表;计量泵产品说明；专业生产计量泵；生产计量泵；连云港计量泵；灌南计量泵；计量泵厂商；jxm系列隔膜计量泵；水处理设备计量泵；优质计量泵；合格计量泵；供应计量泵数字式控制仪；计量泵数字式控制仪；J5.0系列柱塞计量泵；J-Xll系列柱塞计量泵；j-x系列柱塞式计量泵；小机座2JXM型隔膜泵结构图；超临界萃取泵；供应超临界萃取泵。"明远牌"注册商标被评为"知名商标"，2002年公司通过ISO9001-2000国际质量体系认证。最新开发的3GM隔膜式高压泵（压力式喷雾干燥专用泵）已投入批量生产，产品远销全国各地并配套出口。近期研制开发并投放市场的JDB型计量泵尤其适用于液体$CO_2$及液化气的计量输送，经用户使用后，得到了一致的好评。

### 江苏万年达建设集团有限公司

该公司成立于2008年，注册资本1.99亿元，净资产2.2亿元，集团是以原连云港华厦建设有限公司为母公司，灌南县水利建筑工程有限公司、灌南县华泰房地产开发有限公司、灌南县万年达贷款有限公司、连云港华连建设工程监理有限公司、

市建设局局长张海林为万年达集团揭牌

灌南县华为建材有限公司、连云港华实生态农业有限公司为子公司的综合性企业集团。集团在新疆、深圳、黑龙江等地设立了多个驻外分公司和办事处，与多家相关科研机构建立了协作关系。

---

[1]灌南招商局网站 http://www.gnzsw.com/Article_Show.asp?ArticleID=131

目前，集团为国家一级资质房屋建筑工程施工总承包企业，集团拥有国家核定的5大类10余个专业资质，业务范围涉及建设工程监理、房产开发、房屋建筑、水利水电、道路与桥梁、地基与基础、机电设备安装、建筑消防、市政公用、钢结构及装修装饰工程施工、横跨新型建筑材料生产、建筑预置构件生产销售、现代农业养殖等工业和农业开发领域。企业增项资质有市政公用工程施工总承包三级，地基与基础工程专业承包三级和钢结构工程专业承包三级。可承担40层及以下、各类跨度的房屋建筑工程；高度240米及以下的构筑物；建筑面积20万平方米及以下的住宅小区或建筑群体。可承担企业注册资本金5倍以下的城市道路工程和给水厂及生活垃圾转运站工程的市政施工。可承担工程造价300万元及以下各类地基与基础工程的施工。可承担各类钢结构工程。本公司自成立以来，积极引进人才，强化人员培训，不断投资购入新型施工机械设备，资金和技术力量雄厚，企业不断发展状大。现有职员725人，其中各类专业技术人员188人，项目经理67人，现有各种机械设备350台（套），总功率1300KW，施工机械设备齐全，其中大型的机械设备有高层塔吊10台，高层施工电梯8台，高风液压钻2台，中型挖掘机6台，中型装载机5台。

近几年来，该公司以"质量第一、优质服务、用户至上、恪守信誉"为宗旨，弘扬"团结、自强、奋进"的企业精神。积极推广应用新技术、新工艺、新材料，积极采用ISO9001：2000质量管理体系进行管理，使企业赢得了良好的社会信誉和获得各种荣誉。年施工产值达2.5亿元以上。近年所承接较大的工程项目有：昆山白领苑25层商住楼、苏州高新区建设银行12层综合楼、馨康花园动迁房3万平方米、灌南县财政局综合楼工程、两相和国际广场、万年达商业广场、锦绣名园小区、连云港市第一高级中学学生食堂38米跨度综合楼等工程，均得到有关部门及用户的好评，其中承建的苏州高新区建设银行12层综合楼、灌南县财政局综合楼工程获省优质工程奖，连年被评为连云港市"先进建筑施工企业"、"安全管理先进单位"、"质量管理先进单位"。连续五年被连云港市工商局评为"重合同守信用企业"。

"创新、进取、和谐、卓越"是万年达集团始终坚持的理念，"重约守誉，以诚揽客"是万年达集团始终恪守的经营宗旨，"团结奉献，求精务实"是万年达集团极力弘扬的精神！[1]

---

[1] 江苏万年达建设集团有限公司 http://baike.baidu.com/view/5128321.htm

 视野拓展

## 江苏万年达集团是灌南大发展的一个缩影①

江苏万年达建设集团的前身只是一个二级房建资质的企业——灌南县建筑安装总公司。2004年6月，县委县政府对建筑业实施改制，并于当年底顺利完成产权制度改革。自2004年改制以来，企业从原来4000万元产值和100多万元的利税，平均每年以137.8%的产值和126.12%的利税增幅增长。到2009年，集团注册资本总计2.29亿元，净资产4.38亿元，年总产值达16.38亿元，创利税1.3亿元，产值利税6年翻了40倍。从业面也从原来单一的房建施工发展到如今的包括房地产、水利水电、市政公用、道路桥梁、建材生产、农村信贷、生态农业等领域，集团在原有一个二级建筑、三级房地产和三级装潢资质的基础上发展为如今拥有3个总承包、7个专业承包资质，成为全市建筑业优势企业。同时，建成了苏北最大的优质种猪繁育基地，2005年成立的万年达农村小额贷款公司以低息、快捷的方式和全方位的服务向全县农民累计发放贷款1.3亿元。万年达水建重新在我省水利行业突显了良好的发展势头。如今，万年达集团已成为连云港市首家综合性民营企业集团，跨入全市知名企业行列，多次被评为省、市建筑业优秀企业。

谈起万年达的巨大变化，该公司董事长汪勤友认为，是县委县政府的政策扶持，在灌南的经济发展大环境下，才有了万年达的今天。首先，集团的发展得到县委县政府在思想理念上的启迪、引导和县委县政府发展县域经济优越的政策的支撑体系。其次，万年达集团的发展离不开灵活的决策机制。第三，万年达集团发展离不开支撑产品科技含量的人才机制。

提及万年达集团今后三年的发展规划，汪勤友说："围绕县委吴书记'七一'讲话精神，瞄准'大干三年，争进全国综合实力百强县'这一目标，我们将进一步解放思想，更新理念，以主导产业为龙头，加快各产业发展步伐，继续投身灌南经济社会发展大潮，争做行业排头兵，争创行业最佳业绩，为全县经济社会的发展做出更大的贡献。"

---

① 中华全国工商联合会网 http://www.acfic.org.cn/publicfiles/business/htmlfiles/qggsl/js_qydt/201007/20558.html

## 灌南两岸青年创业园成功创建市级创业示范基地[①]

近日，灌南两岸青年创业园顺利通过评审和社会公示，被认定为2017年度连云港市级创业示范基地。

灌南两岸青年创业园是由返乡创业典型、北京和为永泰科技有限公司董事长费云健回乡创办的，旨在助推两岸经济文化交流，促进青年创业发展，园区内设有"灌南馆"、"台湾馆"、"众创空间"、时尚风情街等特色空间，并已成功举办创业沙龙100余期。该园投资5.1亿元，位于经济开发区核心地段，离在建高铁灌南站、客运总站约400米，建筑面积22万平方米，可吸纳入园企业200多家，可安排就业10000多人。青创园分两期进行开发，一期32幢标准厂房已全部封顶，现已有30多家企业签约入驻。二期工程已完成规划设计，年初将破土动工。仅2017年，青创园接待全国各地的领导、专家、学者、企业家等2000多人来考察、调研和学习，《新华日报》《连云港日报》《灌南日报》等多家主流媒体对青创园进行宣传报道，2017—2018年度，青年创业园获市"青年文明号"称号，2018年，青创园项目被县政府列为十大民生实事工程之一。

青创园被认定为市级创业示范性基地后，将通过"以奖代补"的方式，获得10万元建设资金补贴。下一步基地将在完善管理机构和各项制度、全面落实创业政策、提升创业服务水平等方面发挥好市级创业示范基地的示范作用，全力服务"大众创业、万众创新"，并积极创造条件，力争2018年申报省级创业示范基地获得成功。

## 活动与建议

（1）谈谈近几年灌南经济发展给自己和家乡带来的变化，走出校园实地调查采访，写一篇有关家乡发展变化的通讯。

（2）列举现在灌南的知名企业名称，通过查找资料，分析影响灌南经济发展的有利因素和不利因素。

---

[①] http://www.lygtz.org.cn/?thread-6247-1.html （县委统战部）

（3）开展对江苏灌南万年达建设集团有限公司的考查活动，理解"洼地经济崛起"的真正含义。

（4）分组活动：考查家乡在经济领域所取得的成就。举办灌南新世纪以来经济成就手抄报评比，让学生自己寻找身边的数据来感受家乡的巨大变化。

# 习俗文化篇

　　灌南的风土人情与二郎神是密不可分的，每年的春节，堆沟港镇的渔民在出海捕鱼前，都要到二郎神庙进行祭拜，祭拜时要放鞭炮，祈求二郎神保护渔民的平安与出海后好的收获。从如今的灌南地方俚语中，可以看出深受二郎神文化的影响，如当小孩比较顽皮，从村东头跑到村西头，父母就会半带玩笑半带生气地"呵斥"为：看你的二郎神样子！再如有的小孩坐的时候，会学成年人大腿翘二腿，没有好的坐姿，往往大人会面带玩笑地说：瞧你的二郎腿样子，丑不丑呀！

　　话说驻守在灌河口的杨二郎，在与号称"齐天大圣"的孙悟空的高手对决中，面对孙悟空七十二般出神入化的变幻，他沉着冷静、善于观察、准确判断，以不变应万变，处处高人一筹，最终以魔高一丈的七十三般变化而克敌制胜！这是何等的睿智！如今的灌河儿女身上也传承了二郎神的智慧，在地方文化发展中，流传了许多具有地方特色的文化，如地方说唱艺术——敲锣鼓说书、淮海小戏。

　　灌南是道教神仙二郎神的故里，道教崇尚养生，注重科学养生就要研究饮食文化，淮扬菜悠久的烹饪制作技法在盐河两岸飘荡着，淮扬风味饮食文化已经植根于灌南的家常菜制作技法中。现在的灌南人民还发扬智慧，不断创新艺术，我县吴培华老人的根雕艺术享誉县内外，已经成为连云港市非物质文化遗产。我校特聘吴老为学校开设根雕艺术校本课程，本篇章将会详细地介绍这一特色艺术流程。

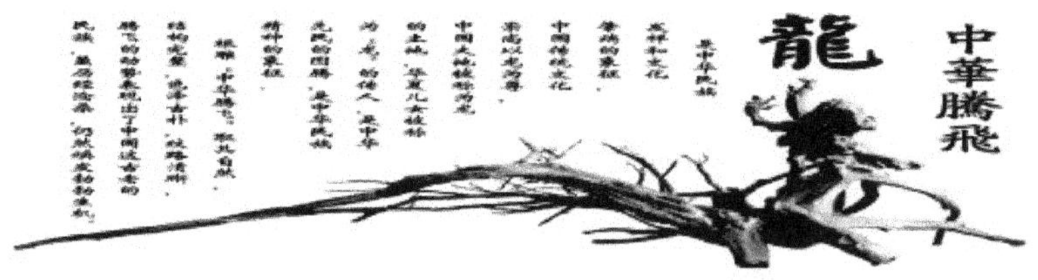

吴培华作品《根雕艺术"中华龙"》

# 专题六　海西乡土年俗与淮扬名吃

"爆竹声中一岁除，春风送暖入屠苏；千门万户曈曈日，总把新桃换旧符。"宋朝宰相诗人王安石描写的"年"迄今已有很多变化，尽管年味越来越淡，或者说其内容不断翻新，但"年"作为中华民族最重大节日的地位没有变，"年"文化的丰富内涵没有变，"年"在国人心目中的浓厚情结没有变。

地域相近的年俗大同小异，编写本节时节选了部分莫言老家的《夷安史话》中与我们一样的年俗。"年年岁岁花相似，岁岁年年人不同。"传统的春节风俗大体是相似的，过年的人经历的事却不尽相同。在这"相似"和"不同"之间，既承载着传统的延续，又记录着世事的嬗变。在本专题，我们将带领同学们一起了解灌南的乡土年俗和淮扬名吃，使大家从文字间见证昔日的历史，感悟今天的现实，享受舌尖上的家乡。

## 6.1　乡土年俗

灌南区域处于黄淮平原，新中国成立前，穷苦农民群众多吃高粱面或小米面饼子，或掺入野菜、树叶或糠秕。白面仅富人常年食用，农家只供老人小孩和在节日、待客时食用。新中国成立以后，特别是改革开放以来，灌南的经济社会发生了巨大变化，人民的生活水平不断提高。一些习俗被保留延续下来，同时传统的一些习俗也发生了很大变化。

*岁俗舞蹈——跑旱船*

跑旱船又叫玩龙船，亦称玩花船。有人将此当成了职业，原新集乡张小伍24岁时随当地跑旱船艺人张跃文学习跑旱船，学成后教妻子跑旱船，他饰丑角，妻子饰旦角，后夫妻俩一直在乡里跑旱船至今，经常为当地红白喜丧事演出，现在夫妻俩均为新集文艺演出队演员。

据了解，我县跑旱船的习俗历史悠久，传统文化积淀丰厚，历史上民间舞蹈很引人注目，而跑旱船是其中最有代表性的品种。根据地方史志记述，新中国成立前后花船艺人遍布灌南各乡。传说，在唐宋时期，灌南沿海一带已出现，时称"旱船"，为沿海渔民节庆活动中模仿海上航行所表演的舞蹈动作衍变而来，盛行于庙会、乡会、民俗节日期间。现在，农村在过年时仍有旱船表演。

花船是在城乡公共场合一种以舞为主、说唱为辅、群众自娱自乐的民间舞蹈形式。演唱内容多是《王婆骂鸡》《怕婆调》等一些传统曲目。1996年，灌南民间艺人说唱团成立后，结合新的形势，编创了一些新的花船节目。如：花灯调《喜看今日新灌南》《花船喜游堆沟港》《天下美景数灌河》等新曲目。

花船表演人物关系简单自然，一旦角、一丑角，或父女，或夫妇；可一女一男演，也可两男演，但一男需扮旦角。男演丑角"船拐子"，女演"船娘子"。船娘子戴绢花，着艳红衣裤，穿绣鞋，打扮十分俊美。船拐子则戴草帽、假须，身着渔翁衣裤，化妆上与旦角形成鲜明对比。

### 岁俗麒麟——祈求人寿年丰

据介绍，清中前期，玩麒麟这一传统表演技艺传入灌南，堆沟港镇有玩麒麟表演，后逐渐流传到新安镇、张店镇、百禄镇、新集乡等乡镇。堆沟港镇陆朝华出生于玩麒麟世家，1958年与哥哥陆朝秀一起随父母学艺，他负责打镲和扛麒麟，后一直在当地演出，现因年老已不再表演。

麒麟是中国传说中的"仁兽"、"瑞兽"、"圣兽"，是传说中的吉祥动物。玩麒麟是人们祈求新年吉祥、人寿年丰、人口兴旺的美好愿望。玩麒麟从正月初一直至正月十五，一个村庄每天都有好几个班子演唱，真是"你方唱罢我登场"。

据了解，麒麟以竹篾或芦柴扎成骨架，彩纸贴饰，丹青点染。有的还扎个小人儿骑在麒麟背上，寓意麒麟送子，讨人喜欢。有的小人两手拿着小镲，有机关，机关的线一头拿在扛麒麟人的手上，他打镲时手一动，带着小人儿也作打镲动作，十分逗人。

玩麒麟主要以师传或家传的方式传承，近年由于人们物质生活水平提高了，文化娱乐形式也多起来，玩麒麟也很少见了，目前我县已很少有人表演玩麒麟。

### 岁俗财神——保佑财运亨通

宋元时期，新安镇已有跳财神表演，后逐渐流传到李集乡、张店镇等所有乡镇。宋朝蔡京富有，民间传说他是富神降生，他恰生于正月初五，所以民间把他当作财神爷来祭拜。后蔡京被贬，民间另换财神爷，当时宋朝的国姓为赵，玄字为"岚"字的一个组成部分，便给财神爷起了一个赵玄坛的名字加以敬拜。初五接财神爷，赵玄坛最受尊拜。许多商店、住宅都供奉他的木版印刷神像：玄坛面似锅底，手执钢鞭，身骑黑虎，极其威武。除了赵玄坛被尊为"正财神爷"外，民间还有"文财神爷"财帛星君和"武财神爷"关圣帝君的说法。宋朝后期，跳财神传入灌南，一直流传至今。

正月初五，各商店开市，一大早就金锣爆竹、牲醴毕陈，以迎接财神爷。"五日财源五日求，一年心愿一时酬；提防别处迎神早，隔夜匆匆抱路头"。"抱路头"亦即"迎财神爷"。信奉关帝圣君的商家，在正月初五要为关公供上牲醴，鸣放爆竹，烧金纸膜拜，求关圣帝君保佑一年财运亨通。财神进门时，必须从板凳或大桌上跳过，文财神先进屋，武财神后进屋。跳财神要经过三道程序：第一次敲锣，财神爷要围绕着屋子跳一圈，寓意是财源广进。第二次敲锣，财神爷要从板凳上跳到屋里，寓意是钱财堆积越来越高。第三次敲锣，财神爷要在每个房间里跳一跳，寓意是让钱财充实你家的每个角落。不管是跳财神也好接财神也罢,都是劳动人民对美好生活的追求与向往!

李集乡老圩村二组张桂莹艺人从1965年开始跟随民间艺人孙友明学习跳财神表演，在民间艺人中，他的表演艺术性、观赏性最强。现在，张桂莹已很少表演跳财神，只有春节前后一些商家为图吉利，请他去进行表演。[①]


年俗程序化

古人把一年起始的第一个月，叫作正月，每个月开始的第一天，叫作朔日，合称正朔。古代平民百姓也过年，相传这起源于远古原始先民的蜡（zhà）祭活动。《礼记》曰："伊耆氏（远古氏族部落酋长名）始为蜡。蜡也者，索也，岁十二月合聚百物而索乡食之。"这是原始先民于年终祭祀祖先、百神，庆贺丰收的活动。后世承袭下来，在每年最后一个月，即十二月举行，但无固定日子。秦代改称腊祭，把举行腊祭的十二月称作腊月。汉代才固定在冬至后的第三个戌日举行。但冬至日有迟有早，各年冬至后的第三个戌日，仍不能都在同一天，因此后来又改定在十二月初八日举行腊祭。汉代人称腊祭之日为腊明日、腊日。有了固定的日子，就可以普天同庆了。

过腊八节，吃腊八粥。农历腊月初八为腊八节。古人在年末时，以猎物祭祀祖先，然后共享猎物，俗称腊祭。佛教传入中国后，佛祖释迦牟尼恰好在此日悟道成佛，为此亦称成道节。腊八节吃粥，乃是原有的生活习惯，后来掺进

---

①摘自二郎神旅游网。

佛教意识，腊八粥就改为佛粥。吃腊八粥，是民间过腊八节的突出饮食习惯，不仅具有纪念和敬神的作用，食品本身也是补益之品。今日的腊八粥跟过去的佛粥相比，更加色美味香，同时还象征吉祥福寿、喜庆平安。

扫尘。每临春节，家家户户都要进行一次大扫除。人们喷刷房子、清洗家具、拆洗被褥，古称"扫年"。苏北地区灌南人民习惯于腊月十八、十九日扫尘，俗云："要得发，扫十八；要得有，扫十九。"另外还有"腊月二十四，掸尘扫房子"的风俗，据《吕氏春秋》记载，我国早在尧舜时代就有春节扫尘的风俗。民间普遍认为：尘与陈谐音，新春扫尘有除陈布新的含义，用意就是把一切穷运、晦气统统扫地出门，寄托着人们除旧纳新的念想和来年鸿运当头的祈求。此外，腊月天里，正是农闲时节，家中收拾一新，正月才好开门迎客。

祭灶神，过小年。《后汉书·阴识传》记载，汉宣帝时阴子方用黄羊祭灶，因而暴富和子孙多人为官。现在民间供奉的九天东厨司命定福灶君，是一对老夫妇并坐，或是一男两女并坐，即灶君和灶君夫人的画像。

祭灶，又称送灶、辞灶、小年节等。祭灶时间有两种说法：一说以地区划分，北方在腊月二十三日，南方在腊月二十四日；另一说法是官三、民四、蛋家五，即官府腊月二十三日祭灶，百姓在腊月二十四日祭灶，沿海蛋民（渔民）在腊月二十五日。主祭人为男性家长。灶神，灌南人习惯称为灶王爷爷。祭灶是送神的重要活动之一，仅次于过大年，故有过小年之称。祭灶也有讲究，供桌上要摆上糖果、糕点、饺子等食品以供奉灶王爷。

贴对子。对子也称春联、桃符等。贴对子这一习俗起于宋代，盛行于明代，与朱元璋的提倡有关。灌南人讲究大门对、屋门对等样式，颜色为大红。贴春联一般选在除夕当天或前一天，主要视天气晴好而定。本家子侄在老年人的带领下，打好浆子，备好笤帚，就风风火火地贴起来了。新宅旧第，各处门户，尽数贴上。大门外正对的墙面，必贴抬头见喜，猪圈贴猪大自肥或六畜兴旺，错逆不得。除夕的午后，大街小巷，红色一片。上有过门钱，下有红对联，节日气氛呼之欲出，年味十足。对子要贴，福字更要贴。墙壁、门楣、水井、器物各处，大大小小、姿态各异的福字，耀眼生辉，为人们带来最直接的视觉享受和心灵抚慰。春节贴福字，是我国民间由来已久的民风。福字指福气、福运、福寿，福富同音，寓意美好，映射了人们对幸福生活的向往。福字倒贴，更是人们对追求富贵的强烈表达，表示福气已到。贴窗花吉事祥物、美好愿景表现得淋漓尽致，是烘托热闹场面的一种方式。

除夕团圆饭。阴历十二月的最后一夜叫作"除夕"，有除旧布新之意。这天晚上全家人要聚集在一起高高兴兴地、团团圆圆地吃一顿年夜饭。在北方这顿饭一定要吃饺子，在南方这顿饭菜菜色十分丰富。苏北地区灌南县这天习惯于中午吃团圆饭。

全国各地习俗各异，但在年夜饭最后一道菜通常是鱼，通常是不吃完或者一口不吃，取"年年有余"、"吉庆有余"的喜兆。"鱼""余"同音，这种"有余哲学"的意识是战国时代的齐国思想家、政治家晏子留给后人的。他在《晏子春秋》里特别提到当时的古老礼俗——吃鱼不要翻过面。孔子要他的弟子"行有余力，则以学文"，孟子奉劝战国诸侯耗用国家人力、财力时不要"涸泽而渔"，都是这一系列的看法。

看春节联欢晚会。虽然这并不是一个习俗，但进入20世纪80年代后，由于电视的普及，春节联欢晚会成为中国人必不可少的一道文化大餐，每年有超过10亿人通过电视或者互联网收看春晚。其中民间艺术家赵本山的小品又成为大家最热烈的期待。

除夕夜，守岁。除夕就到了，除夕为大除，即大年夜，又叫团圆夜。中国民间在除夕有守岁的习惯，俗名"熬年"。守岁从吃年夜饭开始，这顿年夜饭要慢慢地吃，从掌灯时分入席，有的人家一直要吃到深夜。根据宗懔《荆楚岁时记》的记载，至少在南北朝时已有吃年夜饭的习俗。守岁的习俗，既有对如水逝去的岁月含惜别留恋之情，又有对来临的新年寄以美好希望之意。吃饭之前，小辈要轮流给长辈跪拜磕头，分发压岁钱。过年给压岁钱，体现出长辈对晚辈的关爱，晚辈对长辈的尊敬。有童谣云：三星在南，家家拜年；小辈儿的磕头，老辈儿的给钱。要钱没有，扭脸儿就走。

燃放爆竹。正月初一，春节早晨，开门大吉，先放爆竹，叫作"开门炮仗"。爆竹声后，碎红满地，灿若云锦，称为"满堂红"。当午夜交正子时，新年钟声敲响，整个海西大地上空，爆竹声震响天宇。在这岁之元、月之元、时之元的三元时刻，鞭炮声声旧岁辞。这时满街瑞气，喜气洋洋。多数小孩都会早起，家长会要求小孩醒来就要吃开口糕，祈求来年高升，另外父母会对小孩千叮咛万嘱咐，不要乱说不吉利的话，尽量不说话，不要掀起床席，否则来年手会起疮，还有当全家起床后，父母会将芝麻秸烧着来烤火，寓意芝麻开花节节高。五更分二年，六点多钟，主妇们就张罗着搓汤圆、下饺子等，一家人团团坐下，喝酒谈笑，其乐融融。

初一拜年。农历正月初一，又叫阴历年，俗称过年、新年，是春节的正式开始。王安石的《元日》，真切描绘了全国人民欢度春节的盛大喜庆情景：爆竹声中一岁除，春风送暖入屠苏。千门万户曈曈日，总把新桃换旧符。初一忌讳很多，各地大同小异。忌挑水，忌扫地，忌打人骂人，忌打破东西，万一打破东西，要手持碎片，不回头，不说话，扔到沟里或井里，并念吉语岁岁(碎碎)平安来破解。

拜年是春节最突出的特点之一。互相拜年都说新年发大财之类的，互相表达祝福，大家同沾喜气，然后互相邀请吃花生和瓜子，称花生为"金元宝"。过去进行家拜，一家人中，晚辈给长辈拜年，平辈之间互相拜年；尔后进行近拜，给没出五服的长辈拜年；最后是远拜，给出了五服的长辈和亲朋好友拜年。旧时拜年要磕头，现在一般只是问好，一群拜年人，见门就喊给爷爷磕个头，给奶奶磕个头，跪拜之礼逐步免除，吆喝几声，就算是拜年了。主家赶紧喊着不用磕了，哪那么多事，让进屋里，喝茶叙话去了。

现在年轻人拜年基本上都是手机短信或者网上发贺卡等，拜年后，打牌喝酒，串门聊天，随各自兴趣，并无限制。在灌南的农村在正月初一到初五，大人喜欢打麻将、摘小侯等娱乐活动，民间互访拜年的形式，根据彼此的社会关系，大体可分四类:

【走亲戚】

初一必须到岳父家、须带礼物。进门后先向佛像、祖宗影像、牌位各行三叩首礼，然后再给长辈们依次跪拜。可以逗留吃饭、玩耍。

【礼节性的拜访】

如给同事、朋友拜年，一进屋门，仅向主人须拱手一揖而已，如比自己年长，仍应主动跪拜，主人应走下座位做搀扶状，连说免礼表示谦恭。这种情况一般不宜久坐，寒暄两句客套话就要告辞。主人受拜后，应择日回拜。

【感谢性的拜访】

凡一年来对人家欠情的（如律师、医生等）就要买些礼物送去，借拜年之机，表示谢忱。

【串门式的拜访】

对于左邻右舍的街坊，素日没有多大来往，但见面都能说得来，到了年禧，只是到院里，见面多说："恭禧发财"、"一顺百顺"，在屋里坐一会儿而已，无甚过多礼节。古时有拜年和贺年之分：拜年是向长辈叩岁；贺年是平辈相互道贺。现在，有些机关、团休、企业、学校，大家聚在一起相互祝贺，称之为"团拜"。

正月初五。正月初五，俗称小年，又称破五。从这一天起新年的许多忌讳开始解禁，在农村则有炸虫的习俗，这天晚上家家都要炒花生、瓜子、葵花籽等物，并放鞭炮。据说这样做可以把各种害虫炸死，减少农作物的虫害，以保丰收，因此称作炸虫。

正月十五元宵节，吃元宵、闹花灯。除夕过了，正月初一拜完年，往后灌南习俗就不怎么讲究了，主要是走亲访友，谈笑聊天，新年打谱。在其他一些地方，还有各天的过法。过元宵节，自然要吃元宵，观花灯。元宵灯节一般从正月十三日上灯开始，十四日为试灯，十五日为正灯，十八日为落灯。灌南最佳观灯之地是悦来河沿岸，天黑后宫灯、龙灯、走马灯，风格多样；样式更是繁多，什么花卉灯、动物灯、人物灯、风景灯、塔灯等，各显异彩。近几年来，掺杂了科技因素的彩灯逐渐时兴，体现了时代特色。

元宵节燃灯的风俗起自汉朝，到了唐代，赏灯活动更加兴盛，皇宫里、街道上处处挂灯，还要建立高大的灯轮、灯楼和灯树，唐朝大诗人卢照邻曾在《十五夜观灯》中这样描述元宵节燃灯的盛况"接汉疑星落，依楼似月悬"。

宋代更重视元宵节，赏灯活动更加热闹，赏灯活动要进行5天，灯的样式也更丰富。明代要连续赏灯10天，这是中国最长的灯节了。清代赏灯活动虽然只有3天，但是赏灯活动规模很大，盛况空前，除燃灯之外，还放烟花助兴。

"猜灯谜"又叫"打灯谜"，是元宵节后增的一项活动，出现在宋朝。南宋时，首都临安每逢元宵节时制谜，猜谜的人众多。开始时是好事者把谜语写在纸条上，贴在五光十色的彩灯上供人猜。因为谜语能启迪智慧又饶有兴趣，所以流传过程中深受社会各阶层的欢迎。

一些地方的元宵节还有"走百病"的习俗，又称"烤百病""散百病"，参与者多为妇女，他们结伴而行或走墙边，或过桥，走郊外，目的是驱病除灾。随着时间的推移，元宵节的活动越来越多，不少地方节庆时增加了耍龙灯、耍狮子、踩高跷、划旱船扭秧歌、打太平鼓等传统民俗表演。这个传承已有两千多年的传统节日，不仅盛行于海峡两岸，就是在海外华人的聚居区也年年欢庆不衰。

过完元宵节，春节正式结束了，传统元宵所承载的节俗功能已被日常生活消解，人们逐渐失去了共同的精神兴趣，复杂的节俗已经简化为"吃元宵"的食俗。元宵由糯米制成，或实心，或带馅。馅有豆沙、白糖、山楂、各类果料等，食用时煮、煎、蒸、炸皆可。起初，人们把这种食物叫"浮圆子"，后来又叫"汤团"或"汤圆"，这些名称"团圆"字音相近，取团圆之意，象征全家人团团圆圆，和睦幸福，人们也以此怀念离别的亲人，寄托了对未来生活的美好愿望。

过年对于许多人来说是充满欢乐的日子。然而在旧社会对于那些失去土地无以为生的穷苦人和靠借债维持生活的人来说，却正如过关。贫苦人家三餐无着，一顿团年饭也备办不起，饥寒交迫，还得挨门乞讨。欠债人家，债主盈门逼债，恶语相向，人无宁日。

在我国历史上把农历正月初一作为新年的开始之日的习俗已经延续了两千多年。直到1949年新中国成立，改用公元纪年，以阳历的元月一日为新年元旦，才将它改称春节。如今春节仍然是我国最为通行最为隆重的传统节日，仍然把它作为新年来欢度。只是旧时过年的许多带有封建迷信的习俗礼仪，早被遗弃。而除夕吃团年饭、写贴春联、吃元宵、放鞭炮、开展各种娱乐活动、元宵节放花灯等习俗则依旧盛行不衰，并且增添了许多富有当前时代精神的活动内容。

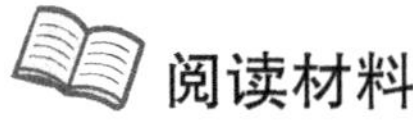 阅读材料

## 三大节日由来及习俗

### （一）清明节

清明节是我国民间重要的传统节日，是重要的八个节日上元、清明、立夏、端午、中元、中秋、冬至和除夕之一。一般是在公历的四月五日，但其节期很长，有十日前八日后及十日前十日后两种说法，这近二十天内均属清明节。清明节的起源，据传始于古代帝王将相"墓祭"之礼，后来民间亦相仿效，于此日祭祖扫墓，历代沿袭而成为中华民族一种固定的风俗。本来，寒食节与清明节是两个不同的节日，到了唐朝，将祭拜扫墓的日子定为寒食节。寒食节的正确日子是在冬至后一百零五天，约在清明前后，因两者日子相近，所以便将清明与寒食合并为一日。在墓前祭祖扫墓，这个习俗在中国起源甚早。早在西周

时对墓葬就十分重视。东周战国时代《孟子·齐人篇》也曾提及一个为人所耻笑的齐国人，常到东郭坟墓前乞食祭墓的祭品，可见战国时代扫墓之风气十分盛行。到了唐玄宗时，下诏定寒食扫墓为当时"五礼"之一，因此每逢清明节来到，"田野道路，士女遍满，皂隶佣丐，皆得父母丘墓"。（柳宗元《与许京兆书》）扫墓遂成为社会重要风俗。而在仍有些寒冷的春天，又要禁火吃冷食，怕有些老弱妇孺耐不住寒冷，也为了防止寒食冷餐伤身，于是就定了踏青、郊游、荡秋千、踢足球、打马球、插柳、拔河、斗鸡等户外活动，让大家出来晒晒太阳，活动活动筋骨，增加抵抗力。因此，清明节除了祭祖扫墓之外，还有各项野外健身活动，使这个节日，除了有慎终追远的感伤情怀，还融合了欢乐赏春的气氛；既有生离死别的悲酸泪，又到处是一派清新明丽的生动景象。真是一个极富特色，非常特别的节日。

清明祭扫坟茔是和丧葬礼俗有关的节俗。据载，古代"墓而不坟"，就是说只打墓坑，不筑坟丘，所以祭扫就不见载于籍。后来墓而且坟，祭扫之俗便有了依托。秦汉时代，墓祭已成为不可或缺的礼俗活动。《汉书·严延年传》载，严氏即使离京千里也要在清明"还归东海扫墓地"。就中国人祖先崇拜和亲族意识的发达、强固来看，严延年的举动是合情合理的。因此后世把上古没有纳入规范的墓祭也归入五礼之中："士庶之家，宜许上墓，编入五礼，永为常式。"得到官方的认可，墓祭之风必然大盛。由于清明与寒食的日子接近，而寒食是民间禁火扫墓的日子，渐渐的，寒食与清明就合二为一了，而寒食既成为清明的别称，也变成为清明时节的一个习俗，清明之日不动烟火，只吃凉的食品。同时又是二十四节气之一。在每年四月四或五、六日，民俗于此期间扫墓。由于中国广大地区有在清明之日进行祭祖、扫墓、踏青的习俗，逐渐演变为华人以扫墓、祭拜等形式纪念祖先的一个中国传统节日，在仲春与暮春之交，一般为冬至之后106天，寒食节的后一天。扫墓活动在节前后可延续十天左右。关于寒食，有这样一个传说：相传春秋战国时代，晋献公的妃子骊姬为了让自己的儿子奚齐继位，就设毒计谋害太子申生，申生被逼自杀。申生的弟弟重耳，为了躲避祸害，流亡出走。在流亡期间，重耳受尽了屈辱。原来跟着他一道出奔的臣子，大多陆陆续续地各奔出路去了。只剩下少数几个忠心耿耿的人，一直追随着他。其中一人叫介子推。有一次，重耳饿晕了过去。介子推为了救重耳，从自己腿上割下了一块肉，用火烤熟了就送给重耳吃。十九年后，重耳回国做了君主，就是著名春秋五霸之一晋文公。晋文公执政后，对那些和他同甘共苦的臣子大加封赏，唯独忘了介子推。有人在晋文公面前为介子推叫屈。晋文公猛然忆起旧事，心中有愧，马上差人去请介子推上朝受赏封官。可是，差人去了几趟，介子推不来。晋文公只好亲自去请。可是，当晋文公来到介子推家时，只见大门紧闭。介子推不愿见他，已经背着老母躲进了绵山（今山西介休县东南）。晋文公便让他的御林军上绵山搜索，没有找到。于是，有人出了个主意说，不如放火烧山，三面点火，留下一方，大火起时介子推会自己走出来的。晋文公乃下令举火烧山，孰料大火烧了三天三夜，大火熄灭后，终究不见介子推出来。上山一看，介子推母子俩抱着一棵烧焦的大柳树已经死了。晋文公望着介子推的尸体哭拜一阵，然后安葬遗体，发现介子推脊梁堵着个柳树树洞，洞里好像有什么东西。掏出一看，原来是片衣襟，上面题了一首血诗：割肉奉君尽丹心，但愿主公常清明。柳下作鬼终不见，强似伴君作谏臣。倘若主公心有我，忆我之时常自省。臣在九泉心无愧，勤政清明复清明。晋文公将血书藏入袖中。然后把介子推和他的母亲分别安葬在那棵烧焦的大柳树下。为了纪念介子推，晋文公下令把绵山改为"介山"，在山上建立祠堂，并把放火烧山的这一天定为寒食节，晓谕全国，每年这天禁忌烟火，只吃寒食。走时，他伐了一段烧焦的柳木，到宫中做了双木屐，每天望着它叹道："悲哉足下。""足下"是古人下级对上级或同辈之间相互尊敬的称呼，据说就是来源于此。第二年，晋文公领着群臣，素服徒步登山祭奠，表示哀悼。行至坟前，只见那棵老柳树死而复活，绿枝千条，随风飘舞。晋文公望着复活的老柳树，像看见了介子推一样。他敬重地走到跟前，珍爱地掐了一下枝，编了一个圈儿戴在头上。祭扫后，晋文公把复活的老柳树赐名为"清明节柳"，又把这天定为清明节。以后，晋文公常把血书袖在身边，作为鞭策自己执政的座右铭。他勤政清明，励精图治，把国家治理得很好。此后，晋国的百姓得以安居乐业，对有功不居、不图富贵的介子推非常怀念。每逢他死的那天，大家禁止烟火来表示纪念。还用面粉和着枣泥，捏成燕子的模样，用杨柳条串起来，插在门上，召唤他的灵魂，这东西叫"之推燕"（介子推亦作介之推）。此后，寒食、清明节成了全国百姓的隆重节日。每逢寒食，人们即不生火做饭，只吃冷食。在北方，老百姓只吃事先做好的冷食如枣饼、麦糕等；在南方，则多为青团和糯米糖藕。每届清明节，人们把柳条编成圈儿戴在头上，把柳条枝插在房前屋后，以示怀念。

　　清明节的习俗是丰富有趣的，除了讲究禁火、扫墓，还有踏青、荡秋千、蹴鞠、打马球、插柳等一系列风俗体育活动。相传这是因为清明节要寒食禁火，为了防止寒食冷餐伤身，所以大家来参加一些体育活动，以锻炼身体。因此，这个节日中既有祭扫新坟生别死离的悲酸泪，又有踏青游玩的欢笑声，是一个富有特色的节日。

荡秋千。这是我国古代清明节习俗。秋千，意即揪着皮绳而迁移。它的历史很古老，最早叫千秋，后为了避忌讳，改为秋千。古时的秋千多用树桠枝为架，再拴上彩带做成。后来逐步发展为用两根绳索加上踏板的秋千。荡秋千不仅可以增进健康，而且可以培养勇敢精神，至今为人们特别是儿童所喜爱。

蹴鞠。鞠是一种皮球，球皮用皮革做成，球内用毛塞紧。蹴鞠，就是用足去踢球。这是古代清明节时人们喜爱的一种游戏。相传是黄帝发明的，最初目的是用来训练武士。

踏青。又叫春游。古时叫探春、寻春等。四月清明节，春回大地，自然界到处呈现一派生机勃勃的景象，正是郊游的大好时光。我国民间长期保持着清明节踏青的习惯。

植树。清明节前后，春阳照临，春雨飞洒，种植树苗成活率高，成长快。因此，自古以来，我国就有清明节植树的习惯。有人还把清明节叫作"植树节"。植树风俗一直流传至今。1979年，人大常委会规定，每年三月十二日为我国植树节。这对动员全国各族人民积极开展绿化祖国活动，有着十分重要的意义。

放风筝。也是清明节时节人们所喜爱的活动。每逢清明节时分，人们不仅白天放，夜间也放。夜里在风筝下或风筝拉线上挂上一串串彩色的小灯笼，像闪烁的明星，被称为"神灯"。过去，有的人把风筝放上蓝天后，便剪断牵线，任凭清风把它们送往天涯海角，据说这样能除病消灾，给自己带来好运。


## （二）端午节

关于端午节的来历，归纳起来，大致有以下诸说：

（1）纪念屈原：此说最早出自南朝梁代吴均《续齐谐记》和南朝宗懔《荆楚岁时记》。据说，屈原投汨罗江后，当地百姓闻讯马上划船捞救，一直行至洞庭湖，始终不见屈原的尸体。那时，恰逢雨天，湖面上的小舟一起汇集在岸边的亭子旁。当人们得知是为了打捞贤臣屈大夫时，再次冒雨出动，争相划进茫茫的洞庭湖。为了寄托哀思，人们荡舟江河之上，此后才逐渐发展成为龙舟竞赛。百姓们又怕江河里的鱼吃掉他的身体，就纷纷回家拿来米团投入江中，以免鱼虾糟蹋屈原的尸体，后来就成了吃粽子的习俗。看来，端午节吃粽子、赛龙舟与纪念屈原相关，有唐代文秀《端午》诗为证："节分端午自谁言，万古传闻为屈原。堪笑楚江空渺渺，不能洗得直臣冤。"

（2）纪念孝女曹娥：此说出自东汉《曹娥碑》。曹娥是东汉上虞人，父亲溺于江中，数日不见尸体，当时孝女曹娥年仅十四岁，昼夜沿江号哭。过了十七天，在五月五日投江，五日后抱出父尸。

（3）迎涛神：春秋时吴国忠臣伍子胥含冤而死之后，化为涛神，世人哀而祭之，故有端午节。这则传说，在江浙一带流传很广。伍子胥名员，楚国人，父兄均为楚王所杀，后来子胥投奔吴国，助吴伐楚，五战而入楚都郢城。当时楚平王已死，子胥掘墓鞭尸三百，以报杀父兄之仇。吴王阖闾死后，其子夫差继位，吴军士气高昂，百战百胜，越国大败，越王勾践请和，夫差许之。子胥建议，应彻底消灭越国，夫差不听，吴国太守，受越国贿赂，谗言陷害子胥，夫差信之，赐子胥宝剑，子胥以此死。子胥本为忠良，视死如归，在死前对邻舍人说："我死后，将我眼睛挖出悬挂在吴京之东门上，以看越国军队入城灭吴。"便自刎而死，夫差闻言大怒，令取子胥之尸体装在皮革里于五月五日投入大江，因此相传端午节亦为纪念伍子胥之日。

（4）龙的节日：这种说法来自闻一多的《端午考》和《端午的历史教育》。他认为，五月初五是古代吴越地区"龙"的部落举行图腾祭祀的日子。其主要理由是：①端午节两个最主要的活动吃粽子和竞渡，都与龙相关。粽子投入水里常被蛟龙所窃，而竞渡则用的是龙舟。②竞渡与古代吴越地方的关系尤深，况且吴越百姓还有断发纹身"以像龙子"的习俗。③古代五月初五日有用"五彩丝系臂"的民间风俗，这应当是"像龙子"的纹身习俗的遗迹。

（5）恶日：在先秦时代，普遍认为五月是个毒月，五日是恶日，相传这天邪佞当道，五毒并出。据《礼记》载，端午源于周代的蓄兰沐浴。《吕氏春秋》中《仲夏记》一章规定人们在五月要禁欲、斋戒。《夏小正》中记："此日蓄药，以蠲除毒气。"《大戴礼》中记，"五月五日蓄兰为沐浴"以浴驱邪认为重五是死亡之日的传说也很多。《史记·孟尝君列传》记历史上有名的孟尝君，在五月五日出生。

其父要其母不要生下他，认为"五月子者，长于户齐，将不利其父母"。《风俗通》佚文，"俗说五月五日生子，男害父，女害母"。《论衡》的作者王充也记述："讳举正月、五月子；以正月、五月子杀父与母，不得举也。"东晋大将王镇恶五月初五生，其祖父便给他取名为"镇恶"。宋徽宗赵佶五月初五生，从小寄养在宫外。可见，古代以五月初五为恶日，是普遍现象。可见从先秦以后，此日均为不吉之日。这样，在此日插菖蒲、艾叶以驱鬼，薰苍术、白芷和喝雄黄酒以避疫，就是顺理成章的事。并且人们还避"端五"忌讳，称之为"端午"。

佩饰：旧时江浙一带端五时妇女的一种饰物。一般用金银丝或铜丝金箔做成，形状为小人骑虎，亦有另加钟、铃、缨及蒜、粽子等的。插在妇女发髻，也用以馈送。《清嘉录》云："(五月五日)市人以金银丝制为繁缨、钟、铃诸状，骑人于虎，极精细，缀小钗，贯为串，或有用铜丝金箔者，供妇女插鬓。又互相献赉，名曰健人。"健人一说与艾人同意，只是以帛易艾，吴曼云《江乡节物词·小序》云："杭俗，健人即艾人，而易之以帛，作骑虎状，妇人皆戴之，"似此则当有驱邪辟疫之作用；一说即古时的步摇，纯为妇女装饰品(蔡云《吴献》注)。儿童头上还会用雄黄酒画上一个"王"字。

豆娘，旧时端五节妇女的头饰。多见于江南。一些地区亦称作健人。此物一说源于古代的步摇，一说即艾人的别样形式。《清嘉录》引《唐宋遗纪》云："江谁南北，五日钗头彩胜之制，备极奇巧。凡以缯销翦制艾叶，或攒绣仙、佛、合、乌、虫、鱼、百兽之形，八宝群花之类。绉纱蜘蛛，绮縠凤麟，茧虎绒陀，排草蜥蜴，又螳蜘蝉蝎，又葫芦瓜果，色色逼真。加以幡幢宝盖，绣球繁缨，钟铃百状，或贯以串，名曰豆娘，不可胜纪。"

艾虎，旧时端午节驱邪辟祟之物，也作装饰品。我国古代视虎为神兽，俗以为可以镇祟辟邪、保佑安宁。《风俗通》云："虎者阳物，百兽之长也。能噬食鬼魅，……亦辟恶。"故民间多取虎为辟邪之用，其中尤以端午节的艾虎为最具特色。艾虎或以艾编剪而成，或剪彩为虎，粘以艾叶，佩戴于发际身畔。端

午节饰戴艾虎的风习已经有千年以上的历史。宋陈元规《岁时广记》引《岁时杂记》："端午以艾为虎形，至有如黑豆大者，或剪彩为小虎，粘艾叶以戴之。王沂公《端午帖子》诗：'钗头艾虎辟群邪，晓驾祥云七宝车'。"又清富察敦崇《燕京岁时记》："每至端阳，闺阁中之巧者，用绫罗制成小虎及粽子……以彩线穿之，悬于钗头，或系于小儿之背，古诗云'玉燕钗头艾虎轻'，即此意也。"

画额：端午节时以雄黄涂抹小儿额头的习俗，云可驱避毒虫。典型的方法是用雄黄酒在小儿额头画"王"字，一借雄黄以驱毒，二借猛虎（"王"似虎的额纹，又虎为兽中之王，因以代虎）以镇邪。清富察敦崇《燕京岁时记》："每至端阳，自初一日起，取雄黄合酒洒之，用涂小儿领及鼻耳间，以避毒物。"除在额头、鼻耳涂抹外，亦可涂抹他处，用意一致。山西《河曲县志》云："端午，饮雄黄酒，用涂小儿额及两手、足心，……谓可却病延年。"

长命缕与五彩绳

长命缕，端午节时厌胜佩饰。亦称续命缕、续命丝、延年缕、长寿线，别称"百索"、"辟兵绍"、"五彩缕"等，名称不一，形制、功用大体相同。其俗在端午节以五色丝结而成索，或悬于门首，或戴小儿项颈，或系小儿手臂，或挂于床帐、摇篮等处，俗谓可避灾除病、保佑安康、益寿延年。此类节物的形制大体有五：简单地以五色丝线合股成绳，系于臂膀；在五彩绳上缀饰金锡饰物，挂于项颈；五彩绳折成方胜，饰于胸前；五彩绳结为人像戴之；以五彩丝线绣绘日月星辰鸟兽等物，敬献尊长。此俗始于汉代。东汉应劭《风俗通·佚文》："午日，以五彩丝系臂，避鬼及兵，令人不病瘟，一名长命缕，一名辟兵绍。"以后相沿成习，直至近、现代。清富察敦崇《燕京岁时记》记当时风俗："每至端阳，闺阁中之巧者，用续罗制成小虎及粽子、壶卢、樱桃、桑葚之类，以彩线穿之，悬于钗头，或系于小儿之背。"其中唐宋时，更有宫廷赐大臣此种节物之事。史载唐代宗兴元元年端午节，宫廷曾赐百索一轴。又《宋史·礼志十五》："前一日，以金缕延寿带、彩丝续命缕分赐百官。节日戴以入。"

戴香包，香包又叫香袋、香囊、荷包等，有用五色丝线缠成的，有用碎布缝成的，内装香料（用中草药白芷、川芎、芩草、排草、山奈、甘松、高本行制成），佩在胸前，香气扑鼻。陈示靓的《岁时广记》引《岁时杂记》提及一种"端五以赤白彩造如囊，以彩线贯之，擂使如花形"。以及另一种"蚌粉铃"："端五日以蚌粉纳帛中，缀之以绵，若数珠。令小儿带之以吸汗也。"这些随身携带的袋囊，内容物几经变化，从吸汗的蚌粉、驱邪的灵符、铜钱，辟虫的雄黄粉，发展成装有香料的香囊，制作也日趋精致，成为端午节特有的民间艺品。戴香包颇有讲究。老年人为了防病健身，一般喜欢戴梅花、菊花、桃子、苹果、荷花、娃娃骑鱼、娃娃抱公鸡、双莲并蒂等形状的，象征着鸟语花香，万事如意，夫妻恩爱，家庭和睦。小孩喜欢的是飞禽走兽类的，如虎、豹子；猴子上竿、斗鸡赶兔等。青年人戴香包最讲究，如果是热恋中的情人，那多情的姑娘很早就要精心制作一二枚别致的香包，赶在节前送给自己的情郎。小伙子戴着心上人送给的香包，自然要引起周围男女的评论，直夸小伙的对象心灵手巧。

## （三）中秋节

农历八月十五是我国的传统节日——中秋节。中秋节与春节、清明节、端午节是中华民族的四大传统节日。"中秋"一词，最早见于《周礼》。据史籍记载，古代帝王祭月的节期为农历八月十五，时日恰逢三秋之半，故名"中秋节"；又因为这个节日在秋季八月，故又称"秋节"、"八月节"、"八月会"、"中秋节"；又有祈求团圆的信仰和相关习俗活动，故亦称"团圆节"、"女儿节"。因中秋节的主要活动都是围绕"月"进行的，所以又俗称"月节"、"月夕"、"追月节"、"玩月节"、"拜月节"；在唐朝，中秋节还被称为"端正月"。中秋节的盛行始于宋朝，至明清时，已与元旦齐名，成为我国的主要节日之一。关于中秋节的起源，大致有三种：起源于古代对月的崇拜、月下歌舞觅偶的习俗、古代秋报拜土地神的遗俗。

为传承民族文化，增强民族凝聚力，中秋节从2008年起被国务院列为国家法定节假日。国家非常重视非物质文化遗产的保护，2006年5月20日，该节日经国务院批准列入第一批国家级非物质文化遗产名录。

一、节日起源

"中秋"一词，最早见于《周礼》。根据我国古代历法，农历八月十五日，在一年秋季的八月中旬，故称"中秋"。一年有四季，每季又分孟、仲、季三部分，因此秋中第二月叫仲秋，到唐朝初年，中秋节才成为固定的节日。《新唐书·卷十五　志第五·礼乐五》载"其中春、中秋释奠于文宣王、武成王"，及"开元十九年，始置太公尚父庙，以留侯张良配。中春、中秋上戊祭之，牲、乐之制如文"。中秋节也称为仲秋节，团圆节，八月节等，也是仅次于春节的第二大传统节日。中秋节的盛行始于宋朝，至明清时，已与元旦齐名，成为我国的主要节日之一。

二、节日习俗

中秋吃月饼

中秋节美食首推月饼，其起源说法多种。一说元代末年，江苏泰州的反元起义领袖张士诚（或说是朱元璋的谋士刘伯温）利用中秋民众互赠圆饼之际，在饼中夹带"八月十五夜杀鞑子"的字条，大家见了饼中字条，一传十，十传百，如约于这天夜里一起手刃无恶不作的"鞑子"（元兵），过后家家吃饼庆祝起义胜利，并正式称中秋节的圆饼为月饼。在后来很长历史时期，甚至在上世纪末，许多月饼上还贴有一方小纸片！只可惜，近年所产月饼已不见小纸片踪影，月饼所含代代相传的"文化密码"荡然无存。另有一说为，明洪武初年，大将徐达攻下元朝残余势力盘踞的元大都北京，捷报传到首都南京，正在下棋的明太祖朱元璋欣喜若狂，即传谕中秋节普天同庆，并将当初反元大起义时传递信息的月饼赏赐臣民。月饼从此成为中秋节"法定"的食品，非食不可了。

民国年间，南京的月饼市场为广（帮）式、苏（帮）式和本地（帮）产"三分天下"，广式的馅料以火腿、枣泥、椰蓉等为主，厂商以冠生园为首，其次有大三元、康乐园等。它们以声势浩大的广告战为手段，在报上刊登巨幅广告，于橱窗布置霓虹灯。著名的苏帮厂商有小苏州、太平村、稻香村，在广告制作上颇具海派特色，爱搞噱头；苏式月饼质量不逊于广帮，价格则较之便宜，故而节后盘点，财源滚滚胜于广帮。广帮的顾客是达官贵人、豪商巨贾；苏帮的顾客多为小康人家；而广大普通市民则乐趋本帮，虽然其馅料不过是荤五仁、素椒盐两种，全市100多家本帮点心铺的店容店貌亦老气横秋，既不布置橱窗，更不打广告，但都靠质量和诚信及价廉赢得顾客盈门，市场份额相对广帮、苏帮而言有过之而无不及。

中秋祭月

在我国是一种十分古老的习俗。据史书记载，早在周朝，古代帝王就有春分祭日、夏至祭地、秋分祭月、冬至祭天的习俗。其祭祀的场所称为日坛、地坛、月坛、天坛。分设在东南西北四个方向。北京的月坛就是明清皇帝祭月的地方。《礼记》记载："天子春朝日，秋夕月。朝日之朝，夕月之夕。"这里的夕月之夕，指的正是夜晚祭祀月亮。这种风俗不仅为宫廷及上层贵族所奉行，随着社会的发展，也逐渐影响到民间。

## 6.2　淮扬名吃

*灌南地方家常菜*

我县地处暖温带向亚热带过渡区，境内日照充足，雨量充沛，土壤肥沃，河流纵横，因而物产丰富，是淮扬菜区域的北部起点。盛唐诗人李白仗剑云游天下，灌南的"斗酒烹黄鸡"曾让其感念不已。现如今，灌南的淮山药、浅水藕、有机米早已成为很多大城市人首选的食品材料，如今的灌南农副产品种类多，在地方饮食中，人们的主食有各式各样的品种，早晚饮食主要以稀饭、小菜、面食为主，中午主食多为米饭、炒菜、烧菜；平时家常菜主要有牛肉大白菜、葱爆大虾、糖醋带鱼、旺鸡蛋、芹菜炒茶干、蒜黄爆鸡蛋、油焖茄子、西红柿炒蛋、土豆丝、大白菜粉丝、手撕包菜、水煮干丝、豆芽烧豆腐、豆芽豆腐烧千张、青椒土豆丝、猪肉炖粉条、土豆烧鸡块、麻婆豆腐、红烧鸡爪、红烧肉、梅菜扣肉、白菜烧虾籽、清蒸螃蟹、红烧鲫鱼、豆角鸡腿、韭菜炒鸡蛋、青椒炒鸡蛋、小葱豆腐羹、米饭蒸鸡蛋羹、黄豆酱爆鸡蛋、大蒜烧鳝段、剁椒鱼头、番茄炖牛腩、干锅肥肠、宫保鸡丁、红烧带鱼、红烧猪蹄、京酱肉丝、莲藕肉丸、毛血旺、蘑菇红烧鸡、清蒸狮子头、西芹百合炒腰果、丝瓜虾仁、上汤娃娃菜、香葱爆羊肉、小鱼锅贴、鱼香肉丝、丝瓜炒蛋……可以说名目众多，任何一两种原料都可以做出美味可口的饭菜来。

家常菜的做法有各式各样，有的是爆炒、有的是大火烧、有的是小火炖、有的是走开水中串、有的就是凉拌，如凉拌银耳、凉拌黄瓜。原料有多少，本没有关系，关键是看调料，如黄豆酱爆鸡蛋，做法是鸡蛋炒出来放进葱花和少许黄豆酱，具体看鸡蛋多少，葱花多点没关系，只要调味到位就是香。一般如果是炖的肉类的话就要放点油、盐、酱油、少许白醋之类的。

灌南人的早晚饮食的干粮是以面食为主，包子有用小笼屉做的小笼包子、用去皮小豆做馅的豆沙包、猪肉馅的肉包子、做成三角型的糖包子、捏口处放大量的淀粉而形成一种开口状的烧卖，另外还有葱油饼、南瓜饼、玉米烙、水饺、三鲜面、炒鸡蛋米饭等，有时候中午也有农家吃豆角焖米饭、红小豆焖米饭，等等。这里就不一一介绍了。

每年春花烂漫时节，田野河边随处可觅的荠菜、木须草、茴香、小蒜，村头庄尾抬眼即见的槐花、香椿，经过村妇、乡姑之手稍作加工，都是灌南最有特色的佳肴。灌南的母亲河——灌河，她东接黄海，南接大运河，优越的地理条件造就了特色鲜明的灌河河鲜。长江四大名贵鱼种中，毛刀鱼、鮰鱼、河豚鱼在灌河都可觅其踪影。每年清明节前，苏南及上海很多大酒店里身价昂贵的毛刀鱼大都来自灌河。灌河草虾、虾籽、黄莹蟹风味独特，灌河入海口滩地上生长的野菜——海英菜更是防治"三高"不可多得的保健食材。

### 灌南特色小吃

百禄熏烧肉　百禄就是古海西的时候的北卤沟，是曾任过中共中央书记处书记的芮杏文的家乡，此工艺在小镇已相传一百多年，纯天然配料，古色古香，美味可口。镇上的居民凡有亲朋好友生活在异地他乡的，百禄熏烧肉是走亲访友的必送之礼。每年农历的腊月初十以后，街上卖熏烧肉的摊点基本没有，家里做好的成品远不够客户订单的数目。凡是吃过百禄熏烧肉或闻过百禄熏烧肉香味的人，提到百禄熏烧肉，都会垂涎欲滴地竖起大拇指：江南海北，绝无仅有！

香椿拌老豆腐　这道菜很多地方都会做，但灌南自古是产盐的地方，点豆腐的卤比比皆是，因而豆腐做得可比较老，这样做的菜特有吃味，具体做法：取豆腐2块，香椿150克，香油精盐味精花椒粒少许。制作步骤：香椿芽掰开，洗净——在开水中焯一下——叶子变绿，香味飘出时，捞出过凉水——挤干水分，切成小粒——卤水豆腐切成小方块，在加了盐的开水中焯一下——沥干水分，捞出装盘——用适量的盐、味精和香油和凉开水，勾兑成碗汁——把切碎的香椿撒在焯水的豆腐上，然后淋入碗汁即可。

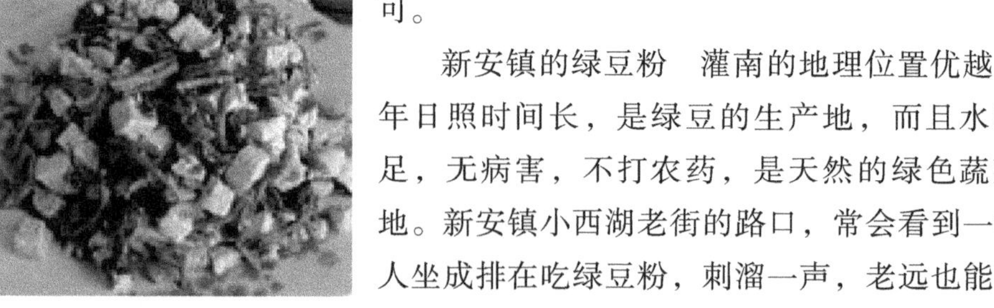

新安镇的绿豆粉　灌南的地理位置优越，全年日照时间长，是绿豆的生产地，而且水源充足，无病害，不打农药，是天然的绿色蔬菜基地。新安镇小西湖老街的路口，常会看到一溜的人坐成排在吃绿豆粉，刺溜一声，老远也能听见

那令人嘴酸的声音。还有那地道的自酿香辣酱油的味道，炸的喷香的蒜末香菜味道，过油的辣椒味道，足以让你站的老远就干咽唾液，情不自禁地往小摊上偎。走上前去，看着那手艺人，飞起柳月弯刀片下一块柔韧颤动，晶莹剔透的凉粉，铺在木案上，手起刀落，迅速地切成一条条大小匀称的长方体。放下刀，熟练地拿起一个彩瓷的精致小碟，捏一撮清白相间的萝卜丝，或黄瓜丝放在碟底，再把细嫩的凉粉盖在萝卜丝或黄瓜丝上，抓一把炒熟的花生米碎屑撒在凉粉上，然后，操起一把铜制的精美小勺，挖一点炸好的蒜末，勾半勺过油的红辣椒，舀一勺调制好的鲜蒜汁，泼上两勺自家酿造的老醋或酱油，一道风味十足的绿豆粉就大功告成了。

灌南豆丹　豆丹作为食品，是两灌（灌南、灌云）地区的特产，而这特产却以原始形式自生繁荣。这种专门啃豆叶的蠕虫称之为豆丹，它是高蛋白食品，含有多种人体所需的微量元素和营养因子，有降低胆固醇，防止高血压、动脉硬化，治疗胃病等功效，是一种天然的绿色食品，具有很高的开发价值。在这方面灌云做得比较好，早就把豆丹产业化了，创立了"中国豆丹养殖基地"，早就有了公司，上了中央电视台，从事豆丹营销的经纪人数百名,每年集散豆丹8000多吨。销售额过一亿元。

灌南自古处于盐道的重要位置，淮扬菜自然而然在灌南大地上传开来，据《江苏地方志》记载：淮扬菜以扬州、淮安为中心，以大运河为主干，南至镇江，北至洪泽湖、淮河一带，东含里下河及沿海地区，是江苏菜系中覆盖面积最大的地方风味。灌南的地方菜系自然应该属于淮菜的一部分。灌南属于黄淮平原，是淮扬菜系最北的区域，可以说凡是淮扬菜的原料，在河网密布的灌南、在鱼米之乡的灌南，大多数原料可以说是信手拈来，淮扬名菜中名菜虾米扒蒲菜的重要原料是蒲菜，在我们灌南任何一条沟河水里都能打捞到，灌南的饮食文化无论是从地域看，还是从制作原料和方法看，它属于淮扬菜系的一部分是理所当然的。在这方面，目前灌南还缺少开发与挖掘，有兴趣的同学们可以在这方面大有作为。

 **阅读材料**

## 淮扬菜

一、淮扬菜历史

中国烹饪是文化、是科学、是艺术。淮扬菜是其一大结晶，也是中国烹饪"以味为核心，以养为目的"这一本质特征的一大体现。回溯中国烹饪的历史长河，千古菜系，除了鲁、川、粤外，就是唯一破例以省以下城市及区域称谓的淮扬菜系，又称维扬菜系，称为八大菜系之首。

淮扬菜系是淮安、扬州、镇江三地风味菜的总称。"淮"即淮菜，以淮安为代表，"扬"即扬菜，以扬州、镇江一带为代表。淮扬菜系形成于明清，而尤以清时为盛。在明清以前，淮安、扬州都是全国有名的大都市，都有各自的饮食文化传统。而淮菜在隋唐之际便已是驰誉神州的中国四大古典菜系之一。明清以后，淮菜和扬菜开始相互渗透、逐渐融合，并糅合南北风味于一炉，从而形成了统一的菜系。

后人每评淮扬菜，常用个"贵"字。这应当与两淮盐商与河务官员豪甲天下的饮食消费有关，这也是淮扬菜得以壮大的一大保障。由盐商和盐官的饮食规范所形成的场面浩大、环境典雅、菜肴奇特、选料精严、食器精美的风格，基本便是淮扬菜主要特色的翻版。

淮安、扬州、镇江三地位于长江南北，紧挨京杭大运河，从地理上看是连接南北西东的重要交通枢纽，且自古以来就是富庶的鱼米之乡。淮安、扬州早在隋、唐时期就已经相当繁华，当时的淮安、扬州不仅仅是文化交流上的发达之地，更可以理解为淮安、扬州在那个时候便已是消费集中地带！

文献记载中淮扬菜的闻名可以追溯到一千多年以前，和淮安以及扬州的文化交流发展、鼎盛过程一样，历唐、清两个时期，且也是在清代康熙、乾隆年间达到颠峰，借势于两代皇帝的频频南巡期间缕缕逗留淮安、扬州。到乾隆年间，淮扬菜系已经成为全国四大菜系之一。

淮扬菜选料严谨、因材施艺；制作精细、风格雅丽；追求本味、清鲜平和。"醉蟹不看灯、风鸡不过灯、刀鱼不过清明、鲟鱼不过端午"，这种因时而异的准则确保盘中的美食原料来自最佳状态，让人随时都能感遇美妙淮扬。

淮扬菜本身的最大特点，是将寻常的食材精雕细琢后，以华丽的姿态登场。淮扬菜十分讲究刀工，刀功比较精细，尤以瓜雕享誉四方。菜品形态精致，滋味醇和；在烹饪上则善用火候，讲究火功，擅长炖、焖、煨、焐、蒸、烧、炒；原料多以水产为主，注重鲜活，口味平和，清鲜而略带甜味。著名菜肴有清炖蟹粉狮子头、大煮干丝、三套鸭、水晶肴肉、松鼠鳜鱼、梁溪脆鳝等。其菜品细致精美，格调高雅。

一大批经典名菜涌上餐桌，如摸刺刀鱼、马鞍桥、葵花肉丸、灌汤肉包、三套鸭、大煮干丝。李斗记录："烹饪之技家庖最胜。如吴一山炒豆腐、田雁门走炸鸡、江郑堂十样猪头、汪南溪拌鲟鳇、施胖子梨丝炒肉、张四回子全羊、汪银山没骨鱼、汪文蜜蛼螯饼、管大骨董汤、鲞鱼糊涂、孔讱庵螃蟹面、文思和尚豆腐、小山和尚马鞍桥、风味皆致绝胜。""水陆肴珍杂果蔬，珠帘十里醉东风"，扬州饮食业大众化市场进一步开发了，仅《扬州画舫录》记载的有名有姓的餐馆就达50多家，瘦西湖上，画航沙飞，有船娘行厨，以宴饮助游兴。这表明，至清代扬州饮食市场布局趋向合理、经营趋向灵活、服务趋向周到了。

文人的介入是清代中叶淮扬菜走上巅峰的催化剂。文学介入扬州美食，远在汉赋、唐诗、宋词时便已结缘，但以清代为甚。现在我们能欣赏到的清人咏食史、咏采料、咏菜点、咏宴席、咏厨艺、咏酒楼、咏食俗、咏饮话的诗篇至少在200篇以上，使淮扬菜格调更加高雅，大大提升了文化品位。

二、淮扬八大名宴

（一）满汉全席

扬州满汉全席富丽堂皇，豪华丰盛。扬州烹饪界的专家学者和扬州迎宾馆对扬州满汉全席进行整体设计，全席分两套，每套菜肴108道。为了给品尝者有较大的选择余地，有三日六宴、两日四宴、一日两宴、精品宴等四种模式。每宴菜肴36款，对应36天罡，席间"满"与"汉"的菜点交替呈现，使就餐者领略"中和"饮食文化的韵味。在宴席铺陈、餐具设计、艺乐馨幽、像生雕塑、进馔程式等方面，突出皇家气派。菜点凝炼淮扬烹饪大师技术造诣，展现"东南第一佳味"——淮扬风味的魅力。

（二）板桥宴

郑燮，字克柔，号板桥，江苏兴化人。乾隆元年（1736年）进士，曾任山东范县、潍县知县，因以赈贫忤上司，被罢官，此后居扬州卖画。郑板桥是"扬州八怪"的代表，他的画常以兰竹石为主题，表现他孤傲、清逸、淡泊、脱俗的情操。"三绝诗书画，一官归去来"，是他一生最好的概括。

同他的哲学观、美学观一脉相承，郑板桥有自己的饮食观。主要是儒雅超逸，韵溢品高；师法自然，返璞归真；取材广泛，清新鲜活。他主张"白菜腌菹，红盐煮豆，儒家风味孤清"。他崇尚"左竿一壶酒，右竿一尾鱼，烹鱼煮酒恣谈谑……"的生活。他提倡田园清供之味，赞扬"江南大好秋蔬菜，紫笋红菱煮鲫鱼""三冬菜偏饶味，九熟樱桃最有名"。他认为原料要就地取材，讲究鲜活，"卖取青钱沽酒得，乱摊荷叶摆鲜鱼。湖上买鱼鱼最美，煮鱼便是湖中水"。郑板桥日常饮食返璞归真，"瓦壶天水菊花茶，青菜萝卜糁子饭"。

板桥宴是兴化市兴化宾馆以郑板桥诗文中提及的菜肴为基础，结合兴化特产设计的宴席。

（三）红楼宴

曹雪芹时代的扬州是江南最大的消费城市，曹家居南京、扬州60多年，饮食多为淮扬风味。《红楼梦》创作中对淮扬烹饪文化素材驾轻就熟，信手拈来皆成雅丽，令人叹为观止。当代红学俊彦冯其庸、李希凡先生推论红楼菜当属淮扬风味。扬州与《红楼梦》作者曹雪芹及其家庭有深厚的历史渊源，红楼

宴的开发责无旁贷地落在扬州烹饪文化界的肩上。

丁章华先生运筹与推动红楼宴研制，时历二十春秋，组织精干，梳理史料，考察论证，方家研讨，磨砺提精，终成大器。红楼宴的设计立足于红楼文化整体的一部分进行再创造，以发扬光大《红楼梦》所代表的文化传统、审美意识、文化蕴含，对餐厅、音乐、餐具、服饰、菜点、茶饮等项进行综合设计，使人恍如置身于《红楼梦》中的大观园中。红楼菜以其美味、丰盛、精致见长，给人以高层次饮食文化艺术的享受，名扬海内外。

（四）鉴真素宴

鉴真和尚为唐代佛教分律学高僧，住持扬州大明寺，讲经传律。应日本僧人荣睿、普照、玄朗邀请，鉴真东渡扶桑弘法，历时10年，六次东渡五次失败，历经波涛终成始愿。他将伽蓝营构、艺文、药学传到日本，此皆为盛唐文化之菁兰，推动了日本奈良文化的发展，也带去了盛唐的饮食之道，成为中日文化交流的先驱者。唐代李白、高适、刘长卿、刘禹锡、白居易登临大明寺栖灵塔，留下众多咏唱诗句。

宋代欧阳修、苏东坡为扬州太守时，常在大明寺平山堂设诗文酒会，成为

文坛佳话。"坐花载月""风流宛在""过江诸山到此堂下，太守之宴与众宾欢"等匾额、楹联集中反映其时盛况，历代文人视平山堂雅集为平生快事，韩琦、梅尧臣、王安石、秦少游、孔尚任、王士祯、朱彝尊、袁枚、曹寅、卢雅雨、郑板桥……在此风雅吟唱。因此，大明寺素宴声名远播，成为淮扬素宴的重要组成部分，而鉴真素宴则集中其高雅精要菜品。"素有荤名，素有荤味，素有荤形"是其主要特色。

（五）开国第一宴

1949年10月1日，在首都北京天安门隆重举行了开国大典，中国历史翻开了崭新的一页，当晚，中央人民政府在北京饭店举行新中国第一次盛大国宴。宴会以淮扬风味招待宾客，中外宾客对菜点给予高度评价。开国第一宴菜品质朴、清鲜、醇和，为国宴的精陈简约定下了基调。

从1949年起，国宴一直以淮扬风味为主。淮扬烹饪大师李魁南先生从1953年起主理国宴，为许多重大国事活动设计以淮扬风味以主的国宴，谱写了淮扬菜的重要篇章。经常入选国宴的有清汤燕菜、蟹黄鱼翅、香麻海蜇、虾子冬笋、芥末鸭掌、酥靠（同音）鲫鱼、水晶肴蹄、桂花盐水鸭、清炒虾仁、东坡肉方、鲍鱼浓汁四宝、干靠（同音）大虾、鸡汁干丝、口蘑镶焖鸡、扬州蟹粉狮子头、千层油糕、淮扬汤包、菜肉包子、黄桥烧饼、春卷等淮扬名馔名点。

（六）乾隆御宴

清乾隆皇帝在位60年间，曾六次南巡，驻跸扬州。乾隆南巡，除政事外，游山玩水，遍尝江南美食。从乾隆御膳档案可以看出，乾隆爱食东北的山珍，特别爱食燕窝、淮扬菜点、苏州点心、锅子菜（火锅）和素食。他曾说："蔬食殊可口，胜鹿脯熊掌万万矣！"膳食专家对乾隆的膳食作了这样的评价："讲究荤素搭配，尤精野味烹调""嗜鸡鸭爱火锅，戒牛兔远海味""注重食补食疗，以求养生保健"。

根据乾隆的生活习俗和膳食特点，从乾隆食单和淮扬菜中精选出二十余道菜肴组成乾隆御宴，从高、精、素、补方面统筹搭配，气派豪华。

（七）三头宴

扬州三头菜是淮扬菜中以寻常甚至腥膻味较重的原料烹制的不同凡响的佳肴。鼎中之变，微在精妙。三头菜的制作发挥了淮扬菜制作精细、娴于炖焖的特长，保持完美的外形，酥烂而无骨，黏韧、柔滑、鲜嫩而卤汁胶浓，带有居家常馔的风味，百嗜不厌。

鱼头菜历来为淮扬名馔，明代《鱼品》对鲢鱼有"大者头多腴，为上味"的评价，郑板桥亦有"夜半酣酒江月下，美人纤手炙鱼头"的诗句，湖水煮湖鱼有自然之趣。清代扬州扒烧整猪头已很盛行，黄鼎铭的《望江南百调》词云："扬州好，法海寺间游，湖上虚堂开对岸，水边团塔映中流，留客烂猪头。"猪头待客已经形成风俗。蟹粉狮子头也享誉中外。近年来，将三头菜肴联袂成席，颇受欢迎。郑璧先生诗曰："扬州好，佳宴有三头，蟹脂膏丰斩肉美，镬中清炖鲢鱼头，天味人间有。扬州好，佳宴有三头，盘中荷点双双玉，夹食鲜醇烂猪头，隽味朵颐留。"

（八）少游宴

秦少游饮食诗词最著名的则是《以莼姜法鱼糟蟹寄子瞻》："鲜鲫经年渍醙酶，因脐紫蟹脂填腹。后春莼苗滑于酥，先社姜芽肥胜肉。兔卵累累何足道，钉饾盘飧亦时欲。淮南风俗事瓶罂，方法相传为旨蓄。鱼鳔蜃醢荐笾豆，山蔌毛溪例蒙录。辄送行庖当击鲜。泽居备礼无麋鹿。"这首诗描绘了淮扬众多腌糟制品和土特产，表现了诗人对苏东坡的崇敬和友谊。

少游宴是根据秦少游饮食诗词，结合传统菜肴，设计制作的宴席。该宴多采用野禽、野蔬、水产品烹制，讲究原叶原味。

三、淮扬名菜

博里羊肉（贵妃羊肉）：

选用本地博里镇优质羊肉，佐以淮山药、生姜、葱蒜、胡椒粉、辣椒、酱、料酒等特料烧制而成。口味鲜美、风味独特、不膻不腻、春夏食用可健胃补肾、滋阴壮阳；秋冬进补强筋活血，可驱寒度暖，是老少皆喜、四季皆宜的美味佳肴和保健食品。清帝下江南时曾食用过，又因羊、杨同音，故别称"贵妃羊肉"。

文楼涨蛋：

始创于淮安楚州百年老店——文楼。它选用草鸡蛋、猪肥膘、面包粉、鸡清汤等原料精心加工而成。清同治八年（1870年）该店店主陈海仙继承祖代涨蛋经验，发明出文楼涨蛋。该菜金黄油润不结壳、膨松鲜嫩无糊斑，油而不腻有营养，含有丰富的优质蛋白质、脂肪、

碳水化合物、钙、磷、铁、维生素，具有增强体质、补脑益智、增强记忆力之功效，荣获省贸易厅和省烹饪协会授予的"江苏名菜"称号。

淮安茶馓(金线缠臂)：

是楚州的著名特产之一。它制作始于唐，成名于清。选用面粉、麻油、精盐等原料精心加工而成。1930年，国际巴拿马赛会获金质奖章，并荣获中国首届食品博览会银奖，部优产品。《本草纲目》记载：馓"有利大小便、润肠、温中益气"之功效。据考，孕妇产前吃茶馓有舒筋活血、松骨、催生之妙用，产后吃馓，可强身、助健康。它以质地酥脆、色泽嫩黄、味道清香、造型美观而深受青睐。唐代大诗人刘禹锡赋诗云："纤手搓成玉数寻，碧油煎出嫩黄深。夜来春睡无轻重，压扁玉人缠臂金。"

虾米扒蒲菜（红玉列兵）：

"一箸脆思蒲菜嫩，满盘鲜忆鲤鱼香。"蒲菜是楚州特产的一种水生蔬菜，它出污泥而不染，肥嫩清香，洁白无瑕，诗曰："其嫩若何，淮笋及蒲。"据县志记载：南宋韩世忠、梁红玉镇守楚州抗金时，发现蒲根可食且清香入口，去热解渴，故又称"抗金菜"。虾米扒蒲菜选用本地产优质蒲菜、大虾米、猪油、高汤等原料精心加工而成。虾仁鲜红像

将帅，蒲菜嫩白如软玉，整齐排列在长盘中，犹如玉女列兵，美目生津，故又名"红玉列兵"。其味鲜美爽口，清香嫩滑，沁人心脾。2002年，被国家国内贸易局评为中国名菜。

软兜长鱼（嫦娥善舞）：

"软兜长鱼透骨鲜。"软兜长鱼系长鱼席中第一名菜。它选用鲜嫩的活鳝鱼（俗名笔杆青），取其脊背肉，在油锅内旺火烹制而成。该菜色泽乌亮，纯嫩爽口，香气浓郁，鲜美绝伦。盛入玉盘，盘如满月，鳝脊细长，蜿蜒其中，恰似嫦娥舒广袖，故又名嫦娥善舞。2002年，被国家国内贸易局评为中国名菜。

平桥豆腐（西施豆腐）：

"软比牛酥便老齿，甜于蜂蜜润枯肠。"平桥豆腐名出自楚州平桥镇。相传，清乾隆七年（1742年），乾隆皇帝下江南路经古镇平桥小憩，品尝了平桥豆腐后，惊叹其美味，赐封为"天下第一食"。

它选用平桥生产的盐卤点浆豆腐，细切成片如碎玉，配以熟肉丁、鸡丝、

虾米等原料与鸡汤精心烩制而成。它具有味香汤热、鲜嫩油润的特点，含有极丰富的蛋白质、脂肪酸，还含有较多的钙、维生素等多种营养物质，是补脑益智、美容健身之佳品。平桥豆腐平滑如凝脂，鸡丝细柔似浣纱，故又美名之"西施豆腐"。

朱桥甲鱼（老龟献寿）：

甲鱼又名团鱼、元鱼、鳖，蛋白质含量高，并含多种维生素及氨基酸，味道鲜美，兼有鸡、牛、羊、猪、鱼肉三味，四周裙边肥嫩柔软，可与海参比美，为筵席之珍品。楚州盛产甲鱼，烩甲鱼为传统名菜，朱桥烩甲鱼选用大甲鱼、海参、鱿鱼、冬笋等原料精心加工而成，它以其味鲜爽口、香气四溢、肉质鲜嫩、别具一格而出名。选用龟形盖碗装上精烩甲鱼，食后能调理身体、安定神经、去除体内湿气、预防四肢浮肿。故又名"老龟献寿"。

淮饺（炒米馄饨）：

是极富楚州特色的风味小吃。馅精选猪前后腿精肉，剔肥去筋，以刀背斫成肉酱，加入青葱粒、生姜汁，和入麻油、白抽酱油、竹笋等配料搅拌成肉糊状。其皮薄如纸，馅细无渍，在沸水中煮熟后，放入泡以炒米的皮骨汤碗中，浇上麻油，撒上胡椒粉、青葱花。淮饺，入口爽滑，味道鲜美，令人垂涎。

人间第一鲜——文楼蟹黄汤包：

楚州传统名吃。楚州河下古镇文楼，历来是文人骚客集聚之处。汤包便是由文楼名厨在加汤肉包的基础上改成水调控面汤包而制成的。其皮透亮明澈，其馅选用蟹黄、老母鸡汤、鸡丁、猪五花肉、虾米等20种原料拌制而成，鲜美滋腻。它以其晶莹剔透、绵软异常、鲜气扑鼻，而享誉中外。含有丰富的蛋白质、钙、磷、碘、维生素等多种营养素。具有补肝肾、生精血、能促进肝细胞生长之功效。据传，道光皇帝南巡时，食后龙颜大悦，夸道："真乃人间第一鲜呀！"更有诗赞曰："桂花飘香菊花黄，文楼汤包人争尝，皮薄蟹黄馅味美，入喉顿觉周身爽。"1997年，文楼汤包被中国烹饪协会授予"中华名小吃"称号。

四、淮扬面点和小吃

面点和小吃是淮扬菜系的重要组成部分，以历史悠久、制作精致、品种多样、风味佳美闻名于世。

淮扬面点始于秦汉之际，小吃的出现不晚于隋唐之时。如唐代，鉴真大师东渡日本时，就曾携带大量的胡饼、蒸饼、薄饼、捻头（馓子）、牛苏（牛酥）作路粮。扬州另有著名面点聚香团，也充分证明淮扬面点、小吃品种早就比较丰富了。明代，淮扬面点、小吃的品种很多。清代，淮扬面点、小吃发展迅速，技艺更精，影响更大。

据《随园食单》《扬州画舫录》等书记载，当时著名面点，小吃有素面、裙带面、千层馒头、小馄饨、运司糕、洪府粽子、酥儿烧饼、灌汤包、烧卖、油旋饼、松毛包子、淮饺、甑儿糕、三鲜面、伊府面、应时春饼、荷叶甲、火腿粽、茯苓糕、锅贴角、加料干丝、羊杂碎等。在制作上，则面条多重视制汤、制浇头；馒头重视发酵；烧饼讲究擦酥、用馅；包子、饺子注重馅；糕追求松软；肉制品更重视味的把握。而有些品种还刻意求工，追求小巧，如小馒头仅有胡桃大，小馄饨小如龙眼。此外，清代扬州不少茶肆还把饮茶、吃面点小吃结合起来，故深受顾客欢迎。清人《望江南》写道："扬州好，茶社客堪邀。加料干丝堆细缕，熟铜烟袋卧长苗。烧酒水晶肴。"正是当年扬州茶社风情的生动写照。

总之，到了清代，淮扬面点、小吃已经成为中国面点、小吃的重要流派，在江浙、北京、四川等地均有影响。20世纪二三十年代，淮扬面点又有发展，扬州的三丁包子、翡翠烧卖、千层油糕脱颖而出，而淮安的汤包、茶馓影响也很大。

新中国成立后，尤其是近二十多年来，在富春茶社等名店及徐永珍、董德安、郑连安、陈兴长等一批面点名师的推动下，淮扬面点、小吃在继承、创新两方面均取得骄人业绩。目前，淮扬点心面团以嫩酵、温水面团、油酥（含酥面皮酥）为主；品种以点心及面条为主；包子、饺子等点心以薄皮大馅、皮馅相宜、馅多变、制作精细、突出时令而擅长；面条柔韧，或以"白汤面"著称，或以浇头繁富而扬名；观赏点心发端于祭点、席点、船点，以设计精巧、色彩雅丽、栩栩如生而名闻遐迩。值得重视的是，近十多年来，随着中外饮食文化交流的不断深入，淮扬面点、小吃在国际上也声誉日著。如富春茶社就在日本开设了分店，而扬州速冻包子也批量出口东南亚、日本等地，受到了广泛好评。

### 活动与建议

1. 教材中介绍过年的情景，充满喜庆和趣味，想想看，我们家的新年习俗和教材介绍的有哪些不同之处？

2. 通过考察采访及家长交谈等方式，了解灌南人的结婚习俗的大致仪式，撰写调查报告，认识社会风俗变化中"移风易俗"的特点。

3. 学生列举自己所在乡镇的特色风味饮食或风靡一时的小吃，分析美食的食材来源，论证灌南地方菜系的淮扬风味的依据。

4. 实践：利用课余时间搜集材料并亲自做一份淮扬名菜。

5. 简要说出淮扬菜的发展历史，选出你所了解的淮扬名宴并谈谈它的特色。

# 专题七　　海西地方神曲与根雕艺术

在我们连云港民间流行着这样一个顺口溜"听了淮海戏，三天不吃都满意；听了淮海调，一切烦恼都扔掉；听了淮海腔，就像灌了迷魂汤；淮海戏场醉一醉，回家干活不知累"[1]。可见淮海戏在连云港人民的文化生活中占有着十分重要的地位，地方戏曲的发展受特定的地理、人文、社会、政治环境的影响。淮海戏起源已有两百多年，经历了一代代艺人的演唱和改进，现今已发展为苏北地区最主要的地方戏曲。在连云港，淮海戏也成为唯一的一个地方戏曲。随着时代的发展，连云港人民的生活水平得到很大改善，许多现代的生活方式和生活理念开始充斥着这个曾经落后的小渔村，欧美、港台流行歌曲，歌舞厅等现代娱乐场所对淮海戏的发展造成了巨大的影响。

根雕艺术来源于生活，但比生活中的自然形态更美，作者根据自然形态，去粗取精，保留其生动形象部分，适当做一些弥补，使根木的原始形态更完美，其"七分天成三分人工"是有一定道理的。在本专题，我们将带领同学们一起了解家乡的地方戏剧和根雕艺术。

## 7.1　淮海戏曲

*淮海戏的起源与发展*[2]

淮海戏是江苏省主要地方戏曲剧种之一，俗称"淮海小戏"，旧称"肘鼓子"、"三刮调"、"拉后腔"、"拉魂腔"。淮海戏与柳琴戏、茂腔、柳腔、泗州戏等同出一源。其流行于连云港、淮安、宿迁及徐州、盐城部分县区。

淮海戏的起源，无确切考证。一说清乾隆年间（1736—1750），山东历城唐大牛、唐二牛兄弟，因灾年饥荒，身背大鼓、三弦，到海州、沭阳一带卖唱乞讨，有邱、葛、杨（一说张）三人从其学艺。邱、葛、杨又依据海州民间盛行的"太平歌"和"猎户腔"，将其加工润色为"怡心调"和"拉魂腔"（一说拉后腔），并以此二腔演唱乡村生活的短小篇子和民间故事。后三人以卖艺为生，邱去安徽淮北，葛去山东鲁南，杨仍留在海州，逐渐形成今日的泗州戏、

---

[1]张溪、王安顺．振兴与发展淮海戏的思考[J].剧影月报,2003(04).

[2]本节资料引自中国淮海戏网：http://www.zghhxw.com/gsjj.asp

柳琴戏和淮海戏；另有一说，源于明清俗曲，因其早年唱腔（八句子）（羊子）的词格，唱法均与明清俗曲中鲁南俚曲及常用于柳子戏中的曲牌（耍孩儿）、（山坡羊）基本相同。

淮海戏的名称，在其发展中几经变更，约清乾隆十五年（1750年）前后淮海戏出现了沿门说唱"打门头词"的演唱形式，因用三弦（当地称为三刮子）伴奏，故名"三刮调"。其尾腔往往拉长翻高，又被人们称为"拉魂腔"，也有称其为"肘鼓子"（周鼓子）的，形成戏曲后谓之"小戏"。清道光十年（1830年）后，艺人自由结班发展为打地摊演出小戏。清光绪六年（1880年）后，曾与徽剧、京剧等先后搭班合演，吸收了剧目，革新了唱腔，丰富了表演。光绪二十六年（1900年）后，舞台上出现了女艺人，艺术上也有了新的发展。抗日战争时期的1940年，中国共产党建立淮海地区抗日民主根据地，先后组织了"艺人救国会"及"实验小组"，编演《柴米河畔》《三星路》《反内战》等现代戏，被新文艺工作者改称为"淮海小戏"，新中国成立后，1954年参加华东地区戏曲会演，由江苏省文化局定称今名。

淮海戏自二十世纪三四十年代至今，一直紧跟时代发展不断编演现代戏，形成了"以歌舞演故事"的现代戏表演新特色、新传统。这对于研究和推进中国戏曲的发展，也具有重要意义。抗日战争时期，在淮海地区党组织和抗日民主政府的领导下，艺人们成立了"艺人救国会"，组织演剧队，积极配合党的中心工作和宣传抗日。演出深受淮海区党、政、军、民的喜爱，被誉为"淮海小戏"。解放战争年代，艺人们肩背步枪，手提三弦，跟随解放军转战南北，有的艺人为革命献出了宝贵的生命。还有一些演出组，随同淮海战役的大军渡过了长江，一直随军演出，最后到达上海，且领到了"渡江光荣证"和"渡江纪念章"。所以淮海小戏也被誉称为"革命小戏"。

新中国成立后，淮海小戏更是得到了前所未有的大发展。1954年9月，江苏省人民政府正式将淮海小戏定名为淮海戏，淮海戏艺术进入了发展的春天。淮海戏艺人从地摊走向舞台，从农村走向城市，结束了那种"季节班"的演出，在艺术上开阔视野，不断吸收京剧、锡剧、越剧的丰富营养，表演队伍日渐稳定，表演艺术越发成熟，行当的分工也进一步精细齐全，当地相继成立了专业性的表演剧团。

灌南建县后，在灌云淮海剧团演出二队的基础上，建立了灌南县淮海剧团。经过一代代艺人的努力，在党和政府的领导下，我县不仅保存了一批老艺人、老传统节目，而且也成就了一批富有表演才华的青年演员和新创节目。在那文艺振兴的年代，他们演遍城乡，获得了良好的声誉。1961年冬天，时任江苏省省长惠浴宇、南京军区司令员许世友来灌南视察，灌南淮海剧团为他们专场演出淮海戏《樊梨花点兵》，受到首长们高度评价。

淮海戏有着浓厚的"乡风野趣，爽朗明快，清新生动"的美学风格，具有鲜明的地方特色。经过几十年的发展，逐步形成了老生谷（广发）派、丑角杨（云发）派、青衣杨（秀英）派和花旦范（珍美）派四大流派。2008年6月，淮海戏被国务院公布为第二批国家级非物质文化遗产。


淮海戏的风格①

淮海地区处于北方鲁文化向南方吴文化的过渡和融合地带，由此，淮海戏的总体风格是既有北方剧种的粗犷豪放，又有南方剧种的温柔婉约。她有着独特的历史文化和地域文化的认知价值。

**唱腔与咬字**

任何一个戏曲都有其独特的唱腔与咬字，淮海戏也不例外，淮海戏的唱腔既具柔美、凄婉之音，又不失高亢、雄浑之声，其主要特点是地方特色浓郁，能快慢，可抒可叙，极富表现力和感染力；淮海戏的表演既诙谐幽默、乡土气息浓厚，又彰显着大气自然，充满了乐趣。

淮海戏的声腔曲调，从整体上来说现在已形成了由基本曲调、辅助曲调及其他曲调共同组成的声腔体系。它的组腔手段，随着时代的发展而发展，到现在已具有多样性、灵活性，既有曲调联缀的形式，又有板式变化的形式，也有曲调联缀和板式变化相结合的形式，还有在保持原有曲调特性的基础上吸收新鲜曲调相组接、相糅合，且又配合板式变化的形式。她的唱词结构，也是既较多地运用长于叙述的七字、十字齐言式，又配合使用长于激情的三字、四字等短句。这些特点对于探讨中国戏曲中的唱词结构与曲调配合的关系，以及与情感表现的关系，又有着独特的艺术研究价值。

"唱"在戏曲中是很重要的一种表现方法。它可以交待情节、抒发情感、揭示人物的内心世界。演员演唱当然需要一副好嗓子，如何正确应用、发挥，做到收放自如、刚柔并济，是一门很深的学问。要处理安好节奏、速度、音准、咬字、共鸣、强弱、松紧、快慢等众多关系，并不是件容易的事，这就需

①本节资料引自中国淮海戏网：http://hhx.lygfeiyi.com/stbhq/Info.asp?infoid=2494

要演员在艺术实践中不断地思索、总结，也可借鉴其他艺术门类的演唱方法，兼收并蓄融会贯通，才能为我所用。逐字逐句细心体会，力求每个音都唱得完美，并不地提高自身的艺术修养，才能逐步形成自己的演唱风格。

淮海戏依托的是苏北浓郁的地方语言，地方语言为唱腔的形成提供载体，地方戏也只有依靠地方语言才能有长足的发展，笔者自己在生活中也接触过淮海戏，连云港文化活动丰富，民间戏曲盛行，这就为淮海戏在连云港民间的传承提供了可能。那熟悉的语言与腔调，总会让人难以忘怀。

## 配乐与表演

戏曲的配乐，通常是指戏曲中除了唱腔以外，用来配合演员的念白和身段表演，营造和烘托场景气氛的音乐。在戏曲中，除了供演员演唱的唱腔音乐外，还有大量或描情状景，或渲染气氛、塑造音乐形象，或勾挂、衔接、转换、过渡，或配合演员表演的有着重要实用价值的配乐音乐。它是戏曲音乐的重要组成部分，它和用于演员演唱的唱腔音乐、打击乐，共同构建了戏曲综合艺术中戏曲音乐的艺术形态。它是构成戏曲音乐艺术形态美和显示剧种风格特色的重要因素。

淮海戏因以三弦伴奏，所以又称"三括调"，最早的淮海戏只有三弦和大锣伴奏；而如今淮海戏根据剧目的需要，制作灯光、布景、道具、演出也逐渐走上正轨，乐器也渐渐丰盛起来。淮海戏的伴奏乐器有管弦乐器和打击乐器。管弦伴奏乐器包括：板三弦、二胡、月琴、淮海高胡、琵琶、板胡、笛子、扬琴、笙、唢呐等；打击乐器包括：板鼓、简板、大锣、大鼓、小锣、铙钹等。

淮海戏的表演，虽然也向京剧、昆曲等剧种学习了多种表演程式，但因为它产生于农村，且长时期地服务于农民，所以，它的表演富有农村、农民的生活气息，带有泥土的馨香。京剧大师荀慧生先生在观看了淮海戏的演出后写道："正因为它来自农村，所以演出中带着浓郁的乡土气息，无论曲调和表演都非常朴实。戏演得很生动，哏而不俗，嬉而不谑，蛮有风趣，也极具讽喻。"

淮海戏演出剧目的内容，大多来自淮海地区的民间传说和故事，来自淮海地区的实际生活。这些剧目内容，承载着淮海地区从古至今多方面的历史信息、文化信息。比如在群众中具有广泛影响的、大家都很熟悉的淮海戏传统戏《催租》，它所表演的内容，就是新中国成立前地主家的狗腿子在外出催租的路上，是如何死皮赖脸、想方设法地调戏良家妇女，而良家妇女又是如何巧于周旋、斗智斗勇的。而在抗战以后编演的数以百计的现代戏，又直接反映了淮海地区的革命斗争经历，以及社会主义建设和改革开放、建设小康社会的火热生活。比如《送子参军》《大后方》《柴米河畔》《拾稻头》《借驴》《十里香》《生死怨》《儿女情》《果园风情》《小镇有口甜水井》《草包村长》《粉祸》《临时爸爸》《永恒的彩霞》《赶集》《回娘家》《豆腐宴》等。

已届古稀之年的朱冬兰曾任灌南县淮海剧团副团长，1960 年进入灌南县淮海剧团。擅演武旦、反串小生，她演《金山战鼓》中梁红玉、《秋江》中潘必正，传誉一时。1984 年朱冬兰参加淮阴专区专业剧团现代戏创作剧目调演，在《爱与恨》中演王母，该剧获演出三等奖，并由江苏电视台专场录像。在淮海戏的表演特色中需要特别提出的是，淮海戏在排演现代戏的过程中，特别注重继承和发扬中国戏曲的本质特征，坚持并已形成了"以歌舞演故事"的现代戏表演的新传统、新特色。这对于研究和推进中国戏曲的发展，也具有十分重要的意义。淮海戏经过二百多年风风雨雨的磨练，由打门槛词、小戏、海州小戏到淮海戏，从沿门弹唱乞讨，地上圈画一张芦席作演场到搬上现代化灯光布景的大舞台，从村头巷尾到中大城市，从受冷落歧视到腾飞辉煌，这中间有着无穷的辛酸和荣辱、悲哀和喜悦，不仅给全体艺人留下难忘深刻的记忆，也给广大人民群众留下深刻的印象和记忆。

### 淮海戏发展缓慢的原因分析[1]

改革开放 40 多年来，各淮海剧团创立了不少反映现代化建设和改革开放成果、文明新事的现代淮海戏，在观众中产生很大影响。但是如今的淮海戏发展却没有黄梅戏红火，究其原因主要有以下几个因素：

#### 政府文化部门不够重视

在前些年，连云港市文化部门没有意识到淮海戏对地方文化和城市品牌形象发展的重要性，使得淮海戏只能在乡镇业余剧团里艰难发展。虽然文化部门也采取了一些措施，不过并没有较好扭转淮海戏发展的局面。

政府对基本文化阵地投入不足，就东部经济发达地区而言，主要原因在于部分基层领导对文化的认识不到位，往往是说起来重要，干起来次要，中心工作忙起来不要。对西部落后地区来讲，主要是乡镇财力不足，无力投资。有的地方，为应付上级部门的检查、考核，做一时的表面文章，检查组来了找几间房屋应付一下，检查组一走又物归原主，文化站成了超级"流动站"。当前，

---

[1] 以下资料节选自连云港淮海戏网：http://hhx.lygfeiyi.com/stbhq/Info.asp?infoid=2494

在不少农村，文化设施大多数为上世纪80年代中期投资建设，至今已破旧不堪，尤其是乡镇电影院1/3以上是危房，有的已经倒塌。特别是在近年来城镇规划过程中，文化设施大多处在镇区的黄金地段，由于工业开发、道路建设等原因，1/3的文化设施流失，被随意挤占、挪用、变卖。

另外，业余团队要靠文化站专职干部去抓，因此文化干部个人的文化素质和自主创新能力决定着业余团队的建设成效。当前农村文化站干部队伍建设却存在三大问题：一是年龄老化、素质不高；二是专职而不能专用，人才大量流失；三是通过不当手段安排不懂文化的人进文化站，占编制、拿工资、不干事。造成没有文化的人出不去，有专业才能的进不来。

这些年连云港各乡镇文化活动确实彼此起伏，一个接一个，但大多数单调枯燥，缺乏新意。有的乡镇活动虽多，却流于形式，应付为主，不肯在活动的形式和内容的创新上下功夫，看上去很热闹，但真正是农民参与的却很少，难以让农民群众的文化生活过得有滋有味。当前，随着农村各项惠民政策的落实到位，农民的收入逐年增加，但文化工作却长期处于"弱势"，仍是传统的吹拉弹唱和读报，参与率不高，几乎所有的文化消费都在一台电视机上，或者三五成群地邀约在一起搓麻将。其根本原因就是这里的基层文化体制改革进展缓慢，导致乡镇文化站长期受到冲击，致使乡镇文化站在农村基层的龙头作用没有发挥出来。

## 专业剧团发展艰难

1947年灌云县成立了"大众淮海剧团"，诞生了有史以来第一个淮海戏"剧团"。中华人民共和国成立后，灌南、东海等县及连云港市，先后成立了十多个专业淮海剧团，业余演出团体更如雨后春笋，出现了淮海戏空前繁荣的局面。1956年，大众淮海剧团改名为"江苏省淮海剧团"。但随着时代的发展，剧团演出收入不容乐观，低微的薪酬使得剧团优秀人才流失，优秀作品锐减，最终形成一种恶性循环。散布在市县各地的业余剧团水平参差不齐，只能演些陈年旧剧。

首先，戏曲市场单一，营销策划人员少。只有省市级淮海剧团有机会参加一些大型演出或者展演，而县乡级剧团只能长期驻扎在农村，参加乡村喜丧嫁娶的演出，剧目没有太多的改进和更新。剧团在演出传统剧目和新编剧目的同时，没有努力探索市场经济条件下专业艺术团体适应社会的能力，不断提高、壮大自己。总将希望寄托在政府部门在政策和经济上给予剧团的扶持和补贴。

在当今许多剧团开始市场化运作的同时，淮海戏剧团并没有如此，打消了营销策划以及创作宣传人员的积极性。

其次，人员更新速度慢，戏曲缺少新的活力。剧团之间的差距很大，编制传统，剧团需要养的人员较多。培养人才是重要的，但要用好现有人才更是不容忽略的。要关心老艺术家们的生活，充分发挥老艺术家们在传帮带中的作用，以便在人才培养方面形成梯队。

江苏省淮海剧团全团职工103人，演出装备原值7.2万元，排练、练功用房270平方米。全年演出318场次，观众22.3万人次；其中农村演出200场次，农村观众14万人次。全年演出收入12.7万多元。连云港市淮海剧团现有在职在编演职人员44人，其中，副高职称5人，中级职称29人，初级职称4人。灌南剧团现有人员59人，其中退休人员12人，舞蹈实习人员12人；乐队16人、演员19人（其中三级演员5人，四级演员8人）。

## 人们审美选择的改变

在电视普及、歌舞厅风行、网络盛行等娱乐新潮的迅猛冲击下，戏曲观众被迅速分化、瓦解和改变了。从年龄上看，青年观众由于社会历史原因而尚未建立完备的戏曲观赏心理机制，因此，与老戏迷截然相反，他们由于对戏曲表演艺术的陌生而产生了极大的审美阻隔。而其他文化娱乐方式，或因其简便，或因其直接，或因其趋时，纷纷赢得了观众的青睐。也就是说，追善逐美、让人愉悦等戏曲观众原有的民族性心理需求，在新的历史条件下可以不必通过观赏戏曲就能很方便地得到满足。比如，一部电视连续剧《渴望》几乎可以在同一个时段里让大江南北的观众唏嘘不止，而其女主人公刘慧芳也比古典戏曲中的赵五娘更容易让人理解和认同。既然观众审美心理中的伦理型情感需求可以很容易地从电视等其他媒介中得到满足，那么，人们从剧场里渴望得到的应该是一种有所不同的心理满足。于是，希望戏曲能够提供更多的现代意识和艺术享受，便成为仍然围绕在戏曲周围的部分中青年观众的新的审美诉求。

经济因素一直以其独特的方式介入并影响到观众的审美选择，只不过随着市场经济的逐步确立，这种因素逐渐上升到了主导地位。首先，由于市场经济的发展，中国现代化、都市化的进程大大加快，在一些经济较发达的大城市开始出现新的阶层分化，中国的"中产阶层"正在形成。这一阶层的人经济收入稳定、受教育程度较高。与改革开放初期的"暴发户"不同的是，他们不但追求物质享受，更渴望高品位的文化生活。这一阶层目前虽然还不是城市居民的主流，但他们独特的审美趣味正在悄悄地改造着城市整体的审美风尚。特别是近年来，讲究表层感官享受和内在文化品位相结合的审美风尚，已逐渐成为主流。这种倾向影响到了社会文化生活的方方面面，由此造成的通俗文艺高雅化和严肃文艺大众化的逆向互动，渐渐模糊了雅与俗的严格分界。以至于即使是在大众文化中，典雅、精致、独特、纯美等审美理念也日益成为公认的标准。

然而淮海戏此时并不是无路可走。只要借鉴一下安庆黄梅戏的发展战略，我们就可以发现，戏曲依旧可以与现代电视、歌舞剧以及网络媒体争夺观众。黄梅戏目前的优势一个是人气旺盛。观众要看黄梅戏，社会支持面广阔；一个是领导关注，责任在身。安徽省的领导似乎已经成了一个传统：来者无不关心黄梅戏，而且都怕他任中衰落了黄梅戏，而成为"历史的罪人"。直至制订出这样的文化方略："打好徽字牌，唱响黄梅戏，建设文化强省。"为什么这般抬爱黄梅戏？当然就因为观众基础厚实，人民喜爱黄梅戏。

## 7.2 根雕艺术

在二郎神的故乡，灌河儿女发挥自己的聪明才智和独特的审美意趣，我县的吴培华老人刻苦钻研、独辟蹊径创造了新的艺术、"化腐朽为神奇"的艺术——根雕，常常被人们叫作"树根造型"，"树根雕""根艺""树根雕刻"……等等，叫法不一，但都指有一定的自然形态的树根及枝茎的枯朽残木，经过构思加工而创作出来的根木造型工艺品，人们习惯于把根雕工艺品简称为"根艺"或"根艺品"。目前吴老被我校特聘为根雕专业老师，每周组织社团活动进行根雕教学。

树根是根雕最基本的原料，但是一切可以经雕琢加工的木质根材，如竹根、藤根以及灌木的根，都是根雕的好原料。根雕艺术来源于生活，但比生活中的自然形态更美，作者根据自然形态，去粗取精，保留其生动形象部分，适当做一些弥补，使根木的原始形态更完美，其"七分天成三分人工"是有一定道理的。根雕艺术与雕塑不同，其主要特征是充分利用根木的自然形态，追求一种"似形非形"的神韵，它是天然与人工美的奇巧结合。

根雕的起源

根雕起源于中国，历史悠久。根雕艺术与中国文学，雕刻、书法、盆景、制陶、青铜器一样，来自于人类社会实践和审美意识，在人类长期的生产劳动过程中产生。人类祖先开始用树枝，树根熏烤食物，或用其作为武器来狩猎及防御野兽的袭击，后来发展到用树枝制作简单的生产工具和饰品。早在六七千年前的原始社会，人们已会雕刻木像，并用树根，竹根作饰品。

1982年湖北省荆州地区博物馆清理马山一号楚墓，发现了我国战国时代的根雕艺术作品《木辟邪》（见上页插图）为一树根造型：虎头、龙身、兔尾四足怪兽，呈行走状，四足雕有蛇、雀、蛙、蝉等图案，经有关专家考证，制作于公元前340年至公元前270年之间，距今约2300年。在以后出土的文物中又发现战国时期根雕艺术品《角形器》及三国时期树根制作的家具。

另据史料记载：

1. 《南齐书》中有齐高祖赠与隐士僧绍竹根《如意》的记载。

2. 韩愈在《题木居士》诗中有"根如头面干如身……偶然题作木居士，便有无穷求福人"说明唐代已出现根艺的人物造型。

3. 宋《太平广记》荆根枕中记张弦以荆树根制作狮子枕献于华岳庙的故事。

4. 元王振明绘《百乐鼓琴图》中香炉茶几就是用树根制作的根艺品。

解放以前，战事频发，灾难深重，经济萧条，民不聊生，根艺与其他艺术一样面临绝境，后继无人，解放初期及十年动乱期间发展缓慢。

党的十一届三中全会以后，随着改革开放，经济腾飞，人民生活水平不断提高，文化艺术得以蓬勃发展，根艺方面如学术机构似雨后春笋枯木逢春，迅速地发展起来，作者队伍不断壮大，全国各地方根艺方面的学术机构的恢复和建立，根艺大展的多次举办，大批根艺家及根艺精品的产生，极大地促进了根艺的发展，根艺创作在全国呈现出欣欣向荣的大好形势。


根雕的类型

1. 抽象型

抽象型不是具体的形象造型、而是超脱事物具体的、直观的现象，暗示或潜藏某种意向的一种模糊形象，这种模糊形象往往掺入了人为想象因素。观者再根据这种模糊不明确的形象进行想象、体会、形成心目中的形象概念，引起

共鸣，或忧伤或喜悦或兴奋。如作品《生命的起源》整个造型没有具体形象，但那错综复杂、起伏交织的形体让人遐想无穷，神秘而幽邃，又仿佛在孕育着新的生机。《岁月魂》更是以一种抽象的形态来展现想象的空间。

2. 似象型

"似像非像，似是而非"的艺术形象为似像型。它不是对外界事物真实的的模仿以求形象的逼真和细节的完整，而是既像又不太像。或某些部分几乎失真走形，或某些部分缺少了什么，或形象的某些部分又多出了什么，但通过艺术加工，可赋予作品形象上的神似。似象型作品往往有意忽略形象的逼真和完整，而追求形体神态的完美。如笔者创作的，似"像"非"象"象的笨拙，憨厚可爱的神态被表现得恰到好处。根雕作品大多是似像非像如《皇帝的新衣》《母与子》《女娲补天》等均是似像型的作品。

3. 具象型

具象型就是有比较明确的具体实物形象。具象型根雕艺术作品形体较为逼真，或某一局部与实物特别相像，具象型根雕艺术作品一般都依赖于人为雕刻，但绝不等同于木雕，前者是自然为主，雕刻为辅，后者则以雕刻为主。绝大多数具象型根雕艺术作品以人物及花、鸟、鱼、虫等飞禽走兽为创作素材。如作品《捕》《悲鸿遗风》。

由于根雕艺术语言的特殊性，决定了根雕艺术创

作过程中的人为作用越小越好，具象型根雕艺术更应该把人为雕刻部分减少到最低比例。如作品《雄鸡一唱天下白》笔者利用根木本身具有的疙瘩肌理，塑造了雄鸡的形象，那雄鸡的形神动态跃然欲出。

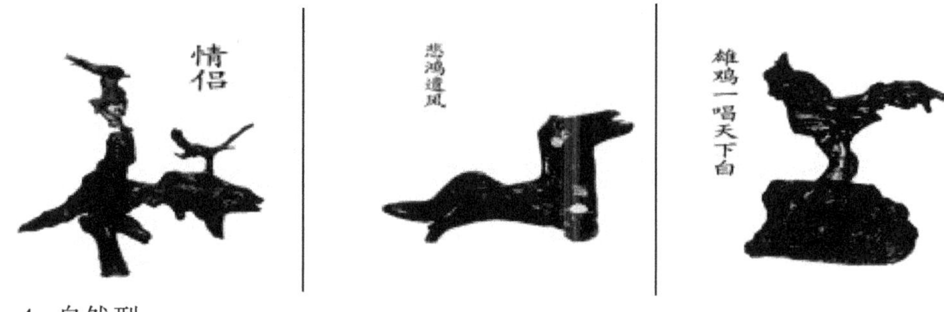


### 4. 自然型

没有经过任何人为雕刻天然成趣的根体称之为自然型。这种自然型根雕艺术并非像什么或似什么，而是根在泥土里自然形成的，并由一种列点、线、面精巧组合而构成的某种怪异奇特具有美感的形体。自然型根雕并不完全排除必要的人为加工，如浸泡、除污、除皮、打磨、配座、上色，上漆等。

### 5. 景观型

表现某种自然景观，或园林景观的根雕艺术作品，如表现自然界里的山、水、茅舍人家表现园林中的奇树、怪石等，都属于景观根雕艺术范畴。景观型根雕艺术作品往往由多个单件组合而成。如图《迎客松》《大渡河》。

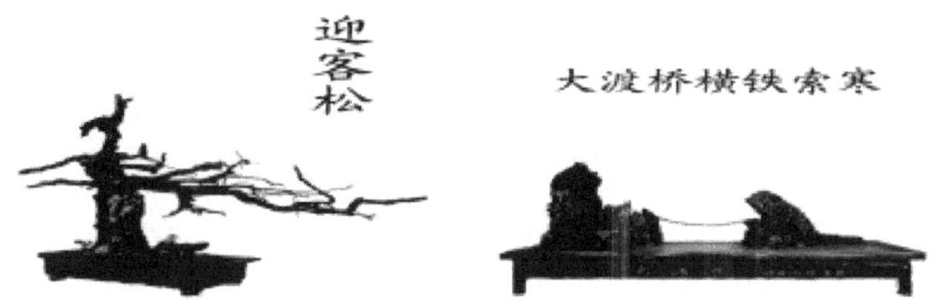


### 6. 实用装饰型

实用装饰型根雕艺术作品包括实用和装饰功能，且具有一定的艺术审美属性。它将根的艺术性、实用性、装饰性融为一体，使根雕艺术作品的功能得到进一步的拓展。实用装饰型还可细分为两类，如用根制作的国画简及各种器皿、笔架、笔挂、几架、家具等，属实用类范畴，如根字、根画等属于装饰型。

《中国牛》《国画筒》《根椅》《根桌凳》《根花架》《根花篮》

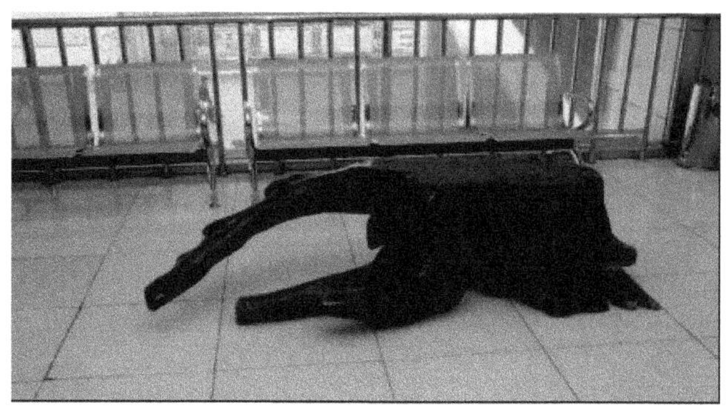

根雕的形式

1. 整实式

整实式根雕艺术作品是由整块根木的段、块、瘤制作而成的，大型的人物、动物根雕艺术品，整实式较多，此类根雕作品显得憨实、饱满、稳重、大气、粗犷、质朴、天然成趣、非常难得。如：《震惊世界第一云》。

2. 片状式

片状式根雕艺术作品大多为扁平状、多数受自然条件的挤压、虫蛀、朽烂后残存的根常呈扁平状，往往形成奇特的肌理、纹脉。

3. 清瘦式

清瘦式根雕艺术作品，是简洁、纤细、精瘦的根及枝杈或残存的坚硬木质制作而成的，或美丽端庄，或乖巧柔媚，或干练刚硬。

4. 漏透式

漏透式根雕艺术作品是利用中空外实，或空洞连绵的根制作而成的。一些根随其树冠生长而逐渐膨胀，在受到外力的挤压或虫蛀咬等情况下，往往会产生空隙或空洞，形成奇特怪异的造型体。这种根经作者巧妙构思，精心制作后，漏、透、瘦、皱显而易见，给人以怪、妙、幽、灵的感觉。如《玉洞仙踪》。

5. 线条式

线条式根雕艺术作品是用扭旋、流动曲折的条状根塑而成的，线条流畅飘逸、洒脱奔放充满艺术的动态美。根雕艺术家常用可塑性好的条壮根塑造简洁、明快、清晰的人物、动物花卉等艺术形象。如《两岸同根》。

### 6. 组合式

组合式根雕艺术作品是由不同形式的单个根体进行组合拼接或表现同一内容的若干单体的系列组合而成的，有拼接组合式和内容组合式两种，组合式根雕艺术作品对原材料的依赖性，小于其他形式的根雕艺术作品，其特点是内容丰富，内涵深刻，形式多变，姿态万千。如《敢问路在何方》先有唐僧、八戒、悟空、沙僧、白龙马的根木，后根据需要配置了一带有树干的底座，使主题得到了很好的表现。[1]

### 根雕的审美原则

根雕艺术是用奇根异木创造出来的艺术，它是自然美与人的审美心理学和技术美学的综合反映，它的美是天人合一，与天同创的美，是天然造化与人为加工"奇""巧"结合的美。根雕艺术之美，美在自然。

### 1. 自然美

中国传统艺术自古以来就崇尚自然并以自然为师，自然界蕴藏着魅力无穷的美。"峨嵋"的秀，"黄山"的奇，"华山"的险；皎洁的明月，浩瀚的大海，飘扬的雪花，飞流直下的瀑布，五彩缤纷的草木花果，无不使人心旷神怡。

根生长在泥土里，大地孕育，造化了它的自然质朴的美。根之灵妙，在于它的自然形态，似人、似鸟、似兽、似花、似果，如作品《莲花系列》。在于它的自然结构，或险奇、或嶙峋、或层云叠翠或纵横交错，或粗犷突兀，或光滑圆润；在于它的色泽，黄色、白色、黑色、赭色、灰白色；在于它的纹理，像流云、像湍流、像缕缕青丝，像细雨飘落。树根艺术讲求物我合一，人天同构，它的最大的美学价值是自然。它体现着东方哲学和美学，自然往往是最平凡也是最难达到的东西。道家把他们的

---

[1] 见校园根雕艺术展

"道"说得恍惚莫测，但承认"道法自然"，自然是最高原则。根雕艺术美的价值在于最大程度去表现自然美，尽其自然，永勿矫揉造作。

2. 残缺美

大地塑造了形态变化万千的根，将这些或具象或似像非像，或抽象意象种种形态和生活中的真实形象比较时，常常会显露出不完整性，即残缺性。

"残缺美"的本质不是因残缺而美，而是残缺尚无损于美的本质，所谓的"残缺美"只不过残缺的部位或残缺的量还没有完全破坏其本质的美，它是对完美的一种无奈的认同。断臂维纳斯的美绝不是因为臂断这一残缺，而是因为其身体其他造型仍近于完美的品格，正所谓"瑕不掩瑜"。但无数艺术家为维纳斯断臂惋惜意欲为其补臂，但都因新接的臂不自然，破坏其残缺美而终告失败。

根雕艺术的残缺美接近中国画的"意高则减""不求形似""以形传神"的审美趣味。齐白石老人画虾有意减少虾腿的数量，以求虾的神韵。在树木盆景中往往借助残缺枯老的树桩表现一种残缺美，如笔者创作的树木盆景"劫后余生""生死相依""病树前头万木春""岁老根弥状"的残缺美。

3. 艺术美

艺术的基本属性就是美。根雕艺术家追求期望的是美，在根雕艺术创作中人们虽一贯主张崇尚自然，但也离不开适当的人为加工，根天赋的自然美并不等于艺术，就像高山峻岭，奇桩异树很美但不是艺术品一样，只有当人们将自然中的奇桩异树植于盆中进行修剪，绑扎"缩龙成寸"才能称之为树木盆景艺术品。

4. 线条美

根雕艺术中的线条美是其自然美的重要特征之一。那些粗细不等，曲折多变的根枝，那光滑细腻的纹理，那些虫蛀和朽烂后残存的、断断续续的，粗糙的沟槽筋脉，那些或柔畅、或顿挫，或刚劲的根体轮廓线构成根雕艺术中的线条美，中国传统的白描画都是借用线条来塑造美的形体，在根雕艺术创作中，线条有着不可估量的作用。根本身线条就很丰富。那天然扭曲、盘结、旋绕、迂回、波折弯曲的线条足以产生和显现多种形式的美。


**根雕的表现手法**

1. 寻奇觅美，重在发现

有人把根雕艺术称为"发现的艺术"，正如著名美学家王朝闻先生所说的那样"根的艺术创造性，主要表现客观存在根的美的发现……"根雕艺术之美，美在自然，这种客观存在的天然美依赖于人的发现，离开了人的发现，这种美则是无意义的，或者说人们无法去表现它的美，发现美的过程是创造美的第一过程，可以说在根雕艺术创作中发现美是第一位的。成功就在于作者发现了根木的可塑性，进而略施技艺，创作了这件艺术作品。

根雕艺术家有敏锐的洞察力和深厚的文化修养，去捕捉那些倾向性强，艺术语言丰富的根材。罗丹曾说："美是到处都有的，对于我们的眼睛，不是缺少美，而是缺少发现。"著名历史学家常任侠先生论及根雕艺术时指出："大自然能创造出各种美的形象，但你必须有审美的眼，方能认识它的美。从自然的形态中，能够看出各种可爱的形象，似鸟、似兽、似虫鱼……这必须有天真的心灵。"高明的根雕艺术家总是用童稚般的心灵，在别人看来很一般的或司空见惯的根中发现出美来。"你想得到艺术的享受，你必须是一个有艺术修养的人。人能结合幻想而创造美、发现美，人也按照美的规律来塑造物体。"这是马克思一句永恒的名言。要有一双审美的眼睛，自己首先必须是一个有艺术修养的人，这种思想依赖于生活，学习等方面的积累。审根品位的高低取决于艺术修养深厚与否，刘海粟曾有"绘画最后画修养"之说，根雕艺术创作也如此。所谓慧眼识才，即指艺术家要有好的眼力去发现美的东西，根雕艺术没有好的眼力等于根雕艺术创造领域的盲人。

2. 因材施艺，贵在自然

根雕艺术不同于其他艺术，正如常任侠先生所说："根的艺术是竹木根创造的艺术。自然创造了种种美妙的形象，但是需要有艺术修养的人去发现，去略加施工，然后才能成为一件有特色的艺术品，这种艺术品是独一无二的，自然创造的，因此它有特殊价值。"根的各种形态是大自然创造的，在根雕艺术创作中，大刀阔斧地改变原根的形态，重塑一个新的形态，就等于抹煞了根雕艺术独特的，鲜明的艺术个性，违背了根雕艺术创造规律。

根雕艺术只能巧借天然，尊重根的自然美，顺应根的自然美，表现根的自然美，创造和完善根的自然美，本着上述原则进行创作，因材施艺、贵在自然。就是基本依赖于自然状态的根雕艺术品。离开了根的自然美，也就无所谓根雕艺术了。

根雕艺术家马驷骥先生论根雕艺术时说："由于根雕艺术作品受到材料形态的限制，不能像木雕那样自由地运用材料和刀法来塑造物像，只能借助根的疖、疤、瘤、须、皮、色和有韵律的体态以及多变的线条等自然特征，加之作者的丰富想像来进行塑造和雕琢，在似与不似之间表现对象。"似"与不"似"，是描摹物象的两极，我们把艺术上所需要求的"似"作为100，把不似作为0，"美在似与不似之间"，显然在0—100这一广阔的领域里，我想1%的形象度也合乎这一标准，但显然是不行的，那么达到多少才算"似与不似之间"的美学规范呢？根据矛盾论"矛盾的主要方面决定于矛盾的性质"这一原理，即使矛盾双方各占50%，显然也是决定不了性质的，须超出50%才能决定性质。超出50%，那就需要60%、70%这个程度。根据我的经验，形象度超出六成以上才可靠，才能达到物象的特殊规定，这种比较确定形象即和一般人的审美经验印象对应，也可保持一定量的自然美或模糊度（艺术需要一定的模糊度）。当然60%也不易把握，但有实践经验的人是能大致把握的，比没有度数要好说清楚。

因材施艺的目的在于最大可能不伤害根的自然美，使根的结构、形、纹理、色泽获得最好的表现，贵在自然的另一层含义是"天缺人工补，人补天不足，补如自然同"。在根雕艺术创作中，人们采取一切加工手段使技术美与自然美协调一致，达到天人合一的效果，人补天不足的"补"，一是根的形态有些欠缺，不补难以显示其自然美，而不采取"加法"即拼接。二是指某些根在造型时"不减""不雕刻"就无法表达作者的立意或根的自然美得不到最好表现时，必须砍掉它多余的一切，实行"减法"，也是"补"意的最重要内容。在根雕创作中后者比前者显得更为重要。"加法"也好，"减法"也罢，加减后的形体、结构、纹理、色泽要符合自然。根雕艺术中的"加"较之"减"难度更大、补根与原根的形态、纹理、结构、色泽难以天衣无缝，作者对加工的对象根蕴藏着美的理解和把握的程度，胸有成竹才能落笔有神，才能创作出形神兼备的根雕艺术作品。

3. 意蕴含蓄，题名精妙

凡成功的艺术作品，都离不开作品内涵美和一个含蓄的题名。绘画、雕塑、诗歌、散文、杂文、小说、音乐、摄影都是如此，根雕艺术品也不例外。

一般说来，拟定根雕艺术品的标题应考虑以下几个方面：

一是鲜明性，就是新颖醒目，少用或者根本不用那些虚无缥缈，含混不清的标题，过于抽象的概念化的语言，当然根雕艺术作品的题名需要含蓄，但含蓄不等于含混，如有的作者把根雕作品《悠闲的卧牛》题名"释负"，把扭回头的小鹿题名"顾盼"，既鲜明又含蓄，还能引人回味。

二是贴切性，题名与根艺品确切，力求形式、内容与题名吻合，贴切的题名能使人以名索美，如作品《奔走的小鸡》，题名"前程远大"，令人费解，改为"追逐"就妥贴多了。贴切的命题不仅能使作品更形象生动，显出魅力，而且能扩大意境，注入新的情趣，体现出作者的创作意图和艺术风格。

三是生动性，不要给根艺品随便安上一个陈腐的或者什么也不能说明的标题。根艺品形态像什么就直呼什么，似马命名马，像狗命名狗，看似直截了当，一目了然，实际"题同虚标"，如果依照作品的不同形态，如马以"腾飞""昂首"命名，就显得生动多了。

四是简洁性，题名文字简练，能用一个字的无须用两个字，能用两个字的不用三个字，既明确又简练，如有一件鸭子浮水的根艺品，如果叫"鸭子浮水"，太直观了，没有趣味，改为用古诗"春江水暖鸭先知"，明显有了意境，但也可改为"春江水暖"，比原来简洁了，并且还值得回味。

五是通俗性，根雕艺术作品的命名要让人看得懂，不能孤芳自赏，令人如同猜谜语一样。如有一件根艺作品造型是犬，作者给题名"忠臣"，后又改为卫士，看着似乎含蓄，但含义不贴切，就显得隐涩了。

根雕艺术作品命题要鲜明、贴切、生动、简洁、通俗，只有这样才能含蓄、隽永，有助于发挥作品最好的艺术效果，增强艺术感染力。

在根雕艺术品中还有一类作品，如抽象的作品往往不是具体或比较明显的某一物，某一品形态，作者根据自己的联想或感受给予命名，这类作品则需要观赏者自己去领会，去感悟。有的索性标上"无题"，对于无题式作品，运用得好，可以起到"此品无题胜有题"的艺术感染力，但绝不可滥用，否则弄巧成拙。

名题得好坏，和作者的艺术修养以及知识面，文化素质有着密切关系，有的作者习惯于根雕艺术品完成后，再思索其中含义做标题；有的作者则在根雕创作构思时即"依形赋意"。据其神形和主题意趣考虑其标题。这之间标题的质量存在明显的差异，后者往往超过前者，其根艺品造型的神形也会超过前者。如果把标题当作根雕创作的一项基本功来看待，就应该从多种文学艺术作品中汲取知识营养，不断提高自身的文学修养，扩大知识面，才能给根雕艺术品带来"点睛"之笔。①

①以上内容节选根雕民间艺人吴培华老人编写的《根雕艺术》部分内容。

 **视野拓展**

根雕艺术及根雕艺术家[1]

根雕，是尽量利用树木根部原有的造型，进行加工形成雕塑作品。雕塑是一个很大的艺术门类，根雕是其中一个小门类。根雕艺术是发现自然美而又显示创造性加工的造型艺术，所谓"三分人工，七分天成"，就是说在根雕创作中，大部分应利用根材的天然形态来表现艺术形象，少部分进行人工处理修饰，因此，根雕又被称为"根的艺术"或"根艺"。

根艺在中国的发展可谓是源远流长。早在原始社会时期，人们就已经会雕刻木像做装饰品。在1982年湖北省荆州地区博物馆清理马山一号楚墓时发现了我国战国时期的根雕艺术作品《辟邪》。据国家文物部门考证，该文物制作于战国晚期，约在公元前340年到公元前270年之间，距今2300年。其形为虎头、龙身、兔尾的四足怪兽，极富动势神韵，色彩古雅朴实。到了隋唐时期，根艺发展已趋于繁荣。《李泌传》里有李泌用天然树根制作"龙形爪"献给皇帝的记载。清朝时期的根艺作品《玉玲珑麒麟》《凤凰》等作品更是在上海豫圆陈列至今。这些作品"三分人工，七分天成"，把根艺作品的神韵表现得淋漓尽致。

根的艺术，其历史源远流长，它在中国是一门既古老又年轻的艺术。说它古老，是因为这门艺术在我国几经兴衰，有着十分悠久的历史;说它年轻，则是因为近些年才在全国各地蓬勃发展起来。党的十一届三中全会以来，国家振兴，经济繁荣，根艺事业也蓬勃发展。1983年《根的艺术》纪录片拍摄后，1985年在中国美术馆举办了"中国根的艺术联展"，并成立了中国工艺美术学会根艺研究会，使中国根艺美术走上了正规化、学术化的发展道路。1994年9月经国家民政部批准，由二级学会晋升为中国文联所属的一级学会——中国根艺美术学会，而且已在全国各地发展了四十多个根艺团体。福建、浙江、安徽、江苏等省的根雕艺术厂家不断增加，根艺生产形成了一定的规模，根艺创作水平更是达到一个新的水平。并且，它以其独具匠心、妙趣天成的艺术感染力，受到越来越多人的青睐。

与此同时，根雕艺术家也应运而生。这里介绍的只不过是众多根雕艺术家

---

[1]360百科 https://baike.so.com/doc/9030452-9360502.html

112

中的三位。

林庆秋，男，1955年生，四川省成都市根雕艺术家，成都市文联民间根雕协会会员，"林庆秋根雕艺术馆"创始人。林先生兴趣广泛，自幼偏爱艺术和运动，早年偏好练武，幼年创作剪纸、素描绘画成儿时伙伴收藏珍品。《白鹤》根艺品，是他儿时下乡当知青的根雕处女作，该作品横约80厘米，纵约30多厘米，白鹤羽毛皆用棉花装饰，构思奇巧，造型独特，神韵兼具，显现出其雕刻艺术的天赋，后拜读唐代诗人韩愈"火透波穿不计春，根如头叶干如身；偶然题作木居士，便有无穷求富人"的诗句，细研"何以知，介然知，吾不知，熟知"老子超自然，超学问之道，探究儒家哲学的要文，从中悟出中国两千多年的根雕艺术真谛，全身心投入其中，如痴如醉，常年遨游于根雕艺术的海洋里，执着探索，孜孜追求，博采众长，将物理学、地质学、天文学、植物学、化学和美学等知识与根雕艺术有机结合，创作之势一发而不可收拾。

林先生常年游走于深山峡谷，茫茫森林，踏遍悬崖峭壁，皑皑白雪。在选材上颇下工夫，妹妹在树根上水季节前，遍寻千年古老枯根，根质非坚韧者不取，观感不佳者不用，在大自然中，在原始森林里寻找根雕艺术的灵感，日思夜想，外人疑成痴，悟出了色、线、形、意，构成根雕艺术形象之精髓，使其作品形成一种"源于自然，超于自然"，流畅、超脱、自由、奔放的艺术特点，观赏、把玩之间提升心旷神怡之感，恍忽进入大彻大悟的艺术境界。

王俊祥，男，1939年11月出生，现为宁县二中教师，现代书画家联谊会民间艺术委员兼根雕艺术家，高级工艺美术师。30年来利用业余时间勤奋创作，已创作根雕作品200余件。1992年在县政府举办的"书法、绘画、根雕大赛"中获奖，1993年12月被选入《中国民间名人录》，1995年被辽宁沈阳市邀请参加"中国绝技博览会"，获得"高级工艺美术师"、"中国民间艺术家"、"中国民间艺术大师"等荣誉称号。作品被现代书法家联谊会收藏6件。"黄陵舞魂"被评为国际优秀作品。

吴培华[①]，男，1943年生，灌南县民间艺人，已从事木版画创作近60年，

---

① 选自江苏文明网 http://wm.jschina.com.cn/9659/guannan/201505/t2145711.shtml

现被灌南二中聘为美术老师，专职传承木版画技艺，被誉为灌南木版画创作第一人。同时也是我县著名的根雕艺术家，这里主要介绍吴老另一门手艺——木版画。

我们走近这位为了传承古老技艺依旧忙碌在教育一线的古稀老者，听老人讲一讲这些年自己和木版画的那些故事。

一杯清茶，故事开始。50多年前的农村，每逢新年，家家户户都要在自家的门上、屋里张贴或悬挂年画。吴老说那时自己17岁，之前就喜欢刻章，而且手艺还不错，有一天他突然萌生一个想法：能否在木板上刻年画，然后批量印制拿去卖？功夫不负有心人，经过半个月的摸索，他终于以年画为主题创作出第一幅木版画，并以一分钱一张的价格卖得很火。

"那时候谈不上创作，制作木版画时也没有人教，主题多是一些买的人多的年画，纯粹是为了卖钱。"讲到这段时，吴老没有丝毫避讳，他表示一开始突发奇想做木版画就是为了填饱肚子。

改革开放后，国内的物质生活水平、创作条件有了明显改善，大家的生活条件慢慢变好了，对画作内容的艺术创作要求也相应提高了。吴老的木版画也随着时代的滚滚车轮，由原先为解决温饱的简单刻印向精细创作进化，内容由传统的门神、窗花、头像等向花鸟鱼虫、山海美景、诗词古训等更加富有意境的题材转变。

"生活条件好了，自然就有更多的时间来搞创作了。"吴老说，由于之前的题材有限，做的都是小版面的画，进入上世纪80年代后，他开始搞大版画，这对他是一个挑战，也是一种完善。创作木版画不仅需要有一定的美术和书法功底，同时，它还是一项体力活。因为，刻一个简单的字，对于熟手来说也最少需要15分钟的时间。多年的创作，让吴老在追求精雕细刻的同时，也总结出了一套宝贵的经验，例如制作木版画第一步首先要制版，制版选用的木材最为关键，最好用木棉树做的板子，其他如选题、打磨、画稿、翻印等工序都有详细的规范。

现在，吴老想到更多的是如何将这门技艺传承下去，2000年以后，吴老自愿到学校任美术老师，专职传承木版画这项古老的技艺，让更多的人了解传统文化的内涵。据了解，木版画不仅历史久，而且形式多样，因为它可以大量复制，所以成本很低廉，可传播进千家万户，以其特有的魅力流传于世。为了方便教学，现已72岁的吴老在供职的校园里办了一个工作室，里面摆满了他和学生们创作的木版画。

吴老说，"艺术贵在传承，因为有传承才会有生命；同时艺术也贵在创新，因为有创新才会有希望。我希望我的木版画技艺能传承给孩子们，同时希望他们在这条道路上能够比我走得更远，让更多的人从这门传统技艺中受益。"最近，经过一年多时间的努力，吴老的新作品《三字经》已顺利完成。他说，创作《三字经》不仅是为了传承木版画传统技艺，也是让更多的人通过这种形式了解中华传统文化。

 **活动与建议**

（1）简述淮海戏的渊源与发展脉络，概述淮海戏的表演艺术特色。

（2）简单说出淮海戏当前发展的困境所在；通过资料搜集，从政府、社会和剧种三个层次上谈谈推动淮海戏发展的措施。

（3）了解根雕艺术的起源与类型，说出根雕的几种形式，谈谈对其审美的原则。

（4）实践：参加学校根雕社团，亲手制作一件根雕作品，为其取名并撰写一篇解说词。

# 专题八　　海西文化名片与休闲旅游

灌南大地可谓人文荟萃，人杰地灵。应该说灌南的古今文化资源优势都具备。两千年悠悠历史在灌南大地上刻划了一道道城市文脉的印痕。一个没有文化的城市就是一个没有灵魂的城市，城市由三大元素组成，有它的物理框架，有它的功能支撑，更有它完善的文化内涵。所以，我们这样的城市在快速发展和崛起的过程中如果不注重文化内涵的发掘，不注重文化素养的养成，不注重文化人才的培育也就是一个没有灵魂的城市。当代画家王小古（1915—1982年）画技娴熟，功力深厚，写意工笔无所不精，因擅画牡丹世称王牡丹，他为首都人民大会堂作的《国色天香》《万顷玫芳》巨幅画，形神出众，生机盎然，观之令人叹绝。阎瘦山的山水画也素有盛名，画作气韵传神，人物画功力颇具。近年来，灌南县在音乐、体育、魔术、绘画、小品等方面又着力打造了五张"灌南文化名片"，即所谓"音乐才女王咏梅"、"魔术大师汪其魔"、"山水画家胥立浦"、"亚运冠军李梅芳"和"小品能人孙志忠"，进一步提升扩大了灌南的知名度和文化影响。在构建和谐社会和弘扬时代主旋律的过程中，五张文化名片进一步提高了灌南这座古老而又年轻的城市文化内涵。

## 8.1　现代海西名片

### 王咏梅：灌河畔的乐坛才女

王咏梅，国家一级作曲家。毕业于南京艺术学院音乐系，2001——2003年于该院的音乐系研究生班学习；2005年2006年，先后被省委宣传部选送北京大学和欧洲学习深造。现为连云港市文化局副局长，中国音乐家协会会员，中国轻音乐学会、中国音乐理论学会的会员。期间先后被授予江苏省有"突出贡献的中青年专家"、江苏省"十大杰出青年"、"当代江苏文化名人"和省"六大人才高峰高层次人才培养对象"等荣誉称号。2008年当选为江苏省第十一届人大代表。多次在全国大赛中获奖，八次在全国大赛中夺魁，许多作品被国家大型重要活动及大型晚会选用，尤其是作品《和谐中国》被业界人士一致认为是继《春天的故事》《走进新时代》之后，新时期又一具有里程碑意义的代表作。该作品2005年被选为第十届全国十运会火炬传递主题歌，并于2007年获得两年一次的中国原创歌曲大赛最高奖唯一的最佳作曲奖；2004年歌曲《放飞青春》被选为中华人民共和国第七届全国大运会会歌；歌曲《让我们在一起》被选为首届威海国际人居节节歌；作品《祖国在我心中》获得"五个一工程"优秀作品奖。2008年3月歌曲《最爱的还是你》获得中国杯原创歌曲一等奖——表现对祖国和家乡一片热爱之情。2009年创作歌曲《如意的圣火》荣获第十一届全国运动会火炬传递主题歌。奥运期间，创作奥运系列歌曲《祝福你，北京奥运》被拍摄成音乐电视在全国播出，为改革开放三十年歌唱家乡的巨大变化，创作《赶上好时候》等歌曲，在中央台连续播放；2009年创作歌曲《手拉手，心连心》（谭晶演唱）和阎维文演唱的《和是我们共唱的歌》多次被中央电视台大型晚会选用。为迎接新中国成立六十周年创作《中华合家欢》（阎维文演唱）；《共和国的日子》（谭晶演唱）。作品《美丽的家园》等入选中国音乐学院教材在各大院校竞相传唱。为电影《同一片蓝天》创作主题歌和主题音乐在全国播映，受到专家和观众的高度赞赏。

王咏梅原为县中音乐教师，她在教学之余开始潜心作曲，形成了独特的音乐风格，受到音乐界名家和知名歌手的广泛好评。先后与著名词作家石顺义、王晓岭、天明、樊孝斌等人合作，创作出一批优秀的音乐作品，多首歌曲在中央电视台等播出。仅2002年由王咏梅作曲的歌曲就有十多首在中央电视台播出，如由石顺义作词、张也演唱的《我们的日子唱着过》，石顺义作词、汤灿演唱的《今宵共举杯》，王晓岭作词、谭晶演唱的《恋着

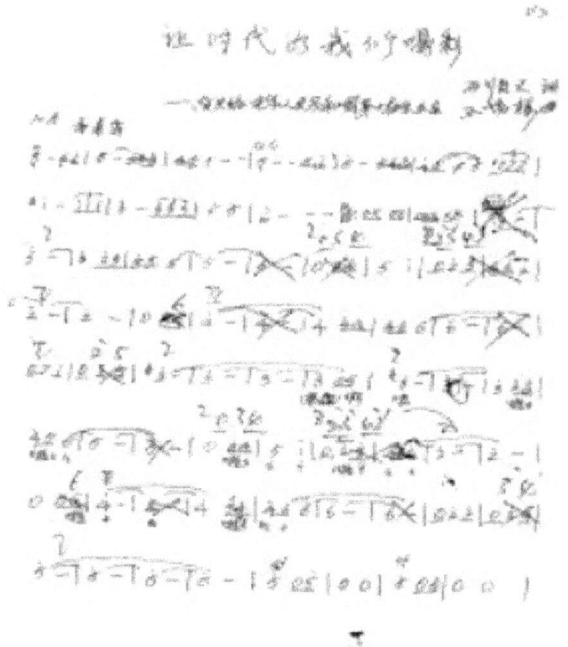

你》等广为传唱。2005年歌曲《让时代为我们喝彩》被选为中华人民共和国第十届全国运动会会歌；经著名歌手孙国庆领唱，在中央电视台一、五套播出。为迎接党的十六大胜利召开，王咏梅与石顺义等词作家合作，创作了《心愿》《十万个为了你》《向前走》等歌曲，分别由阎维文、王宏伟等演唱。王咏梅还多次参加大型晚会及电视专题片等音乐创作工作，受聘为2003年华东六省一市春节晚会音乐总监，担任音乐主创。

王咏梅不但在全国创作大赛中多次获得金奖，而且与体育也十分有缘。2002年世界杯时，她的《你好，世界杯》被选为"中国球迷之歌"，音乐被带到韩、日赛场上，为中国球队加油助威。为了迎接第十七届世界杯足球赛，由天明作词、王咏梅作曲创作了《中国球迷之歌》，2005年她不但创作了十运会会歌——《让时代为我们喝彩》，还成为十运会火炬传递主题歌《和谐中国》的曲作者。"我们相聚在钟山下，让时代为我们喝彩，上有太阳的情，下有大地的爱，跑道超越所有的国界，把整个世界联系起来……"这首大气自如、节奏欢快、歌词清新的十运会会歌，谈到会歌的音乐创作，王咏梅认为作为会歌，音乐旋律不能太复杂，也不能附加太多的技巧，它首先要好听、通俗，既要大气、豪迈，又要时尚，而从音乐角度上说，十运会会歌分为ABC三部曲，感情层层递进。从前面的大气辉煌，到主歌部分的优美抒情，表达了对祖国人民的赞美，接下来感情不断延伸，音乐表达更加强烈，抒发了对成功的渴望。整个音乐既有抒情、缠绵的优美，又辉煌舒展，充满朝气，互动性、时代感、传唱性，传统和现代都融合得很好。最后一段是她感觉最满意的部分，音乐转成带有现代拉丁风格的传唱性快板，充满着互动和时尚。"……是生命的竞赛、力量的竞赛，是希望的竞赛、希望的竞赛，让时代的脚步在风雨中，在风雨中更高、更强、更快。"在拉丁风格的乐曲中，王咏梅一遍又一遍哼唱着，如痴如醉。

### 胥力浦：实力派的山水画家

胥力浦，1951年生于南京，研修于中国美术学院，曾经任江苏灌南文化局创作室主任，灌南美协主席，江苏黄海画院院长，江苏省国画院特聘画家，中国国画协会理事，江苏省美术家协会会员，连云港市美术家协会理事，连云港市第十一届人大代表。胥力浦创作的《杏花春雨》《家在江南黄叶村》《江南春早》等多件作品在全国书画比赛中获奖，在北京、日本、韩国等地举办个人画展。其作品被中国国家博物馆及多家文博单位收藏，甚获国内外收藏家赞赏。分别由天津人民美术出版社、中国文联出版社出版《当代翰墨名家胥力浦画集》《胥力浦山水画集》，中央电视台等新闻媒体作多次报道，并拍有两部电视专题片播映。荣获中国文联等单位及政府部门授予的"中国百杰画家"、"新世纪山水画二百家"、"德艺双馨艺术家"、"专业技术拔尖人才"等荣誉称号，享受政府特殊津贴。并获中国艺术市场最具影响

力画家提名奖，是中国画坛新近崛起的实力派山水画家。

作为我县"五张文化名片"之一的胥力浦，为祖国统一大业做贡献，在中国和平统一促进会第八届理事大会上当选为理事。中国和平统一促进会成立于1988年，由各民主党派有关人士、团体及无党派代表人士共同发起成立。旨在团结一切拥护中国和平统一的海内外同胞，推动台湾海峡两岸的民间交流与往来，反对制造"台湾独立"、"两个中国"、"一中一台"等分裂中国的活动，促进早日实现中国和平统一。胥力浦在2008年10月在北京成功举办个人画展，引起良好的社会效应。同时胥力浦还比较热心公益事业，在5·12"抗震救灾，中国书画家赈灾义卖"活动中共捐赠了5幅书画作品，拍卖所得款项全部用于灾后重建。所捐赠的国画作品《心随春风到江南》曾在2009年3月24到26日参加北京保利春

拍"中国文物保护书画专场"展览。同年胥力浦先生应邀参加北京市政协组织的知名书画家向北京职工帮扶中心捐赠书画作品活动，捐赠仪式在北京市政协会议中心礼堂举行，共捐赠两幅国画，北京职工帮扶中心对这些捐赠作品进行拍卖，所筹善款将全部用于开展困难职工的帮扶救助工作。

### 链接材料

王小古①（1915-1982年），江苏灌南人，当代著名的画家，功力深厚，画技娴熟，写意、工笔无所不精，以画牡丹见长，世称王牡丹，其花鸟画亦饮誉中外。生前曾任山东临沂教师进修学院副教授，中国美术家协会会员，美协山东分会常务理事。他为首都人民大会堂作的《国色天香》《万顷玫芳》巨幅画，形神出众，生机盎然，观之令人叫绝，受到中央领导和专家的称赞。他作画有强烈的时代精神和浓郁的生活气息，《鸡上架》《扁豆蝈蝈》《墨牡丹》等作品在日本、香港等地展出，深受好评，为收藏家所珍藏。他的诗文、书法、篆刻亦精，画作与其浑然一体。与王小古齐名的画家阎瘦山，其山水画素有盛名，现为省文史馆馆员。他的画作气韵传神，其人物画颇具功力，《太白醉意》《李时珍》等作品远传海外。

孙志忠：灌南小品的代表人

孙志忠，出生于40年代，江苏灌南籍人，创作大型戏曲、戏剧小品、曲艺百余件，创作的《野花》获文化部群星奖银奖和华东第二届戏剧小品大赛三等奖，《野花》是我省第一个获得"群星奖"的小品，孙志忠等人创作、汤承树等人演出的《鱼塘边》荣获全国百优小品大赛三等奖。《女财神》《悔》《催妆》《在公共汽车上》《上网》等小品取材于生活，诙谐幽默，寓意深刻，在笑声中发人深省，显示出一定的艺术魅力，受到了观众的一致好评。2004年，孙志忠创作的《第1001次新娘》获全国小品小戏大赛二等奖；《今晚不谈那个》《山那边是海》在2004年春节期间CCTV《曲苑杂坛》中播出；《路遇》获全国大学生小品比赛三

①https://www.so.com/s?q=%E7%8E%8B%E5%B0%8F%E5%8F%A4&src=srp&fr=hao_360so_suggest_b&psid=bf8e0984ca1bcf3fefc8db0ceb1cbc9e

等奖。

作为我县五张文化名片之一，剧作家孙志忠在小品创作上不断有新收获。由国家文化部艺术服务中心和国家剧协艺术发展中心举办的《中华颂——全国小戏小品曲艺作品大展》，经专家评定，孙志忠报送的3件作品均入围等级奖，其中音乐小品《树大招风》荣获一等奖，少儿课本剧《小狐狸VS大葡萄》荣获二等奖，小品《打鸣》获三等奖。

小品成为灌南人们生活中的一道菜，灌南小品表演质朴，人物颇富个性，无论是《野花》，还是《一家亲》，看过灌南小品的人，无不为之捧腹大笑，回味无穷。关注现实，有浓郁的生活气息。这是灌南小品的一大特色。小品是艺术，重在娱乐。但是如果触摸不到老百姓生活的痛痒，他们的神经如何兴奋得起来，灌南小品一出世，就带有行业性特点，这就在客观上促使作者要到丰富多彩的生活中去找"戏"。达到了寓教于乐的艺术效果。小品舞台创作，少不了演员的艺术功底。比如汤承树，只要他一出场，观众自然而然就会笑起来。老百姓说他演什么像什么。一个"像"字，既显示出人物个性，又体现出他的质朴自然的风格。小品是夸张的艺术。然而，夸张过分就失真，故而分寸感最能体现演员的功力。语言风趣，构思奇巧。灌南的一大批小品作者都十分注重吸收群众的"嘴边话"，方言土语，妙趣横生。加之演员大都土生土长，能视情节自然流露出表情达意的谐音土话，收到意想不到的效果。汤承树还参加了26集电视连续剧《美丽的中国结》的演出，该剧2007年初在中央电视台一套播出。

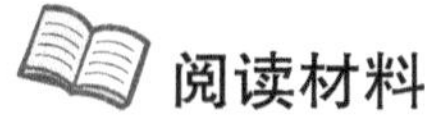 **阅读材料**

戏剧小品

护　身　牌[①]

孙志忠

人物：老安师傅　　胡姨　　陈大姐

时间：现代

地点：一个普通工人的家

【幕启。老安上，开锁进门】

---

①摘自灌南在线网站上内容。

安：(回身对门外)哎，胡姨，进来呀!这就是我的家，出门一把锁，进门一把火。哎，别不好意思，进来吧!

胡：(怯生生地上场，复又捂着脸退回去)哎呀妈也，这么多人看见了，怪难为情的。

安：(拽胡进屋)我说胡姨呀，怕什么的?!嗯，如今就作兴青年人谈情说爱搂搂抱抱的，就不许我们单身老头老太沾沾靠靠的!这叫什么，叫夕阳红呢!

胡：老安师傅，我知道你人品好。你那个女人嫌你太忠厚老实，一心扑在工厂里，就把你一脚给踹了。这么多年你日子过得也够清苦的了。哎，我呢，老头子得了重病，也治不起，撒手走了……

安：说这些伤心事，说点开心的。对，说点开心的。

胡：老安啊，你是52岁，属蛇的，我48岁，属鸡的。蛇是小龙，鸡是小凤。小龙配小凤，游龙戏凤，龙凤呈祥啊!

安：绝对!不过，胡姨，哎小胡啊，我得给你先说清楚，这几年我们工厂搞改制，搞转产，经济效益不怎么好，工资拿不全，我这里只积余一两千块钱，留着我俩结婚办喜事用，少了，委屈你了。

胡：咳，不能这么说。你听我说，不，听我唱《天仙配》："从今不再受那孤单苦，夫妻恩爱苦也甜……"

安：(唱)"美丽的姑娘见过万千，独有你最可爱，你像天上圆圆的月亮，无比新鲜姑娘啊!"

胡：老安啊，既然你这样看重我，我也得给你先说清楚，人家都说我"命"硬，会克夫。前天我到慈云寺烧香求菩萨，买了一个开过光的"护身牌"，保佑你平平安安，让我俩白头偕老啊!

胡取出牌子给安挂上。

安：(唱)"谢谢你给我的爱，今生今世难忘怀……"你别说，这几个月我常常熬夜给厂里的新产品画图纸，脑袋瓜子有时像针戳似的疼。

胡：脖子上挂了"护身牌"，你就放心吧!

安：哟，光顾掏心掏肺地聊天，忘了给你倒茶，来，润润嗓子。

安倒茶给胡，胡谦让，推来推去，茶水沾了胡的手。

安：哎呀!烫着了吧?(捏住胡手，呵气)

二人激动地相拥，欲接吻。

陈：(上，敲门)老安师傅在家吗?

安：谁啊?

陈：是我，隔壁邻居小陈。

胡：哦，是陈大姐，她是我俩的红娘大媒人啊!

安：(开门)请进!陈大姐啊!多谢你牵线搭桥，我们俩的事啊，就算敲定啦。明天去街道办登记，下个月初三举行婚礼。

胡：在红双喜酒楼办一桌，请你坐上席。

陈：可喜可贺。安师傅，我来告诉您个事。前不久我从医院里调到社会医疗保险中心工作了。

安：哎，你是大学生，又是主治医师，工作好好的，跑去搞什么保险啊?工资奖金能多拿?

胡：听有人说呢，医疗保险会"绕人"呢。

陈：起初我对社会医疗保险也不太理解，后来通过学习和实践，才认识到，这可是件大好事，关系到改革、发展和稳定的大局，关系千家万户的健康和幸福啊!

安：参加保险要拿出钱来。我们工厂是困难企业，我自己手头也很紧张。陈大姐你是好心人，我们懂，可医疗保险，就免了吧!

胡：逗啊。再说，我们老安已经挂上了"护身牌"已经保了险啦!用不着再花一份保险费。

陈："护身牌"!什么"护身牌"?

胡：就是——(欲取牌)

安：你别多嘴。陈大姐，我们单位和我本人眼下不会也没有条件参加保险，你就别操这份心啦。

胡：出来搞医保，吃力不讨好。跑断腿磨破嘴，也不能加薪水。

陈：老安师傅和胡姨，我们市区有十几万医保对象，为了这么多人的安康和幸福，我苦点算什么!心甘情愿啊!

(手机响，接话)喂!嗯……我马上到。二位老人家我得先走一步，改日再来和你们聊。(下)

胡：老头子，你有了护身牌，再加上我服侍你，保管你今年五十二，明年二十五，越活越年轻哪!

安：那敢情好!嘻嘻，哈哈，嘻嘻哈哈……哎哟!哎哟，头，头，头痛，出了大、大问题啦!(倒下)

胡：老安啊，别吓唬人，你醒醒……(惊哭)快来人呀!安师傅出事啦!天啦!

切光。(如白天广场演出，演员可背向观众作简单改装。)

一束追光。报幕员上。

报幕词　几天以后，安师傅被确诊为脑肿瘤，手术费用需要十多万元。回到家里，安师傅和胡姨面临着生离死别的考验。

安：(头缠绷带)胡姨，你走吧，不用管我了。

胡：(泪流满面)我的命怎么这样苦啊!这么硬啊!克夫克掉了一个，如今又克到你的头上啦!我是个晦气鬼，还是离开你好，离开你或许你的病立即就好了。

安：我不忍心连累你呀，我没救了。走吧，走!

胡：我真地走了。(挪步到门前，返身扑抱安)老安，我实在舍不得离开你呀!

二人抱头恸哭。

胡：老安啊，我们不能总是哭啊。擦干眼泪想想办法。我想好了：把我自己的那两间小屋卖掉，能凑三四万，我再去找你们厂长，找政府领导，再不行咱跪到大街上请求过路的人献爱心。无论如何也要凑足手术费，让你活下……

安：不要那样做，我一辈子都不愿意去麻烦人家。就让我去死吧。可我真不想死啊!我多么想看到我们国家全面实现小康社会。明天，请你帮我雇一辆人力车，拉我去再看一眼大运河广场，再看一眼樱花园，再看一眼东大步行街、新火车站……说不定早晚病一发，我就撒手人寰，拜拜了。

胡：我好后悔啊，悔不该前些日子陈大姐上门来动员我们参加医疗保险，我们没有理睬，而是只相信那块"护身牌"。

(取下牌子欲摔)

安：世上没有卖后悔药的。事已至此，听天由命罢。

胡：哎，天啦，愁煞人哪!(唱《铁窗泪》曲) "愁呀愁——"

胡、安：(接唱)"愁得我热泪流。有病无钱命难保，两情相依不到头……"

陈：(上，敲门)屋里有人吗?

胡：(开门，扑上去瘫倒)陈大姐……

安：陈大姐哪，都怨我自己不争气啊……

陈：二位老人家别急。你们的事儿社会上很多人都知道了。现在有好消息啦：淮安市人民政府出台了困难企业职工住院基本医疗保险办法，(出示文件)你们厂的领导又积极参保，主动变卖了小汽车，职工们也自愿缴纳工资百分之二的保险费，你的那一份我也代缴了。咬，安师傅，你的医保卡已经拿来了。

安：啊!(接卡)这是真的吗?我在做梦吧?

胡：是真的!

陈：往后啊，你要是有什么头疼脑热拉肚子小毛病，就去花医保卡上个人账户的钱，花不完挪到下一年度，永远归自己；如果需要住院治疗，只要自己把应付款项一交，以下的只要由医院直接和医保中心结算，可省事了；像您这样的重病还可以申请大病医疗救助基金。现在呵，你就可以凭这卡去办理住院手续啦!

安：这医保卡才是真正的护身牌啊!(执卡)。

胡：你脖子上挂的那个护身牌，干脆摘下扔掉。(欲扔牌)

陈：不必去责怪它。菩萨是人们自己供奉出来的，护身牌只是寄托着求安康的美好愿望。要把美好愿望变成现实，真正能起作用的还是靠社会医疗保险。一个人的能力很有限，成千上万的人互相支撑，就可能抗拒大风大浪。一根筷子容易折，一把筷子折不断，大家都明白这个道理呀!

安、胡：陈大姐你是活菩萨呀!你们医保中心真是功德无量。

陈：我们离"三个代表"的要求还差得远呢。啊，不耽误时间了，二老赶紧收拾收拾，去医院吧。

安：好，走!

切光。

报幕员上，追光。

报幕员　雨过天晴太阳照，柳暗花明又一村。几个月过去了，安师傅手术非常成功，不仅康复出院，而且进厂上班了，他参与设计的新产品获得了很好的经济效益。今天呐，是个好日子，是安师傅和胡姨举行婚礼的大喜的日子。

安和胡着盛装，陈将标有"新郎"、"新娘"字样的红花别在二人胸前。

播放《好日子》音乐。

陈：大家欢迎新郎新娘讲话——

安：众口齐夸医保好，

胡：安康幸福护身宝。

安、胡：人人拥有医保卡。

安、胡、陈：小康路上大步跑。

　　　三人向观众撒发喜糖。

### 汪奇魔：国际级的魔术大师

汪奇魔，江苏省著名的草根魔术大师，国际级一流魔术大师，是我国魔术艺术家边玉宽的弟子，2002年夺得"金菊奖"全国魔术比赛金奖。他原为江苏省灌南县农民，从摆地摊表演魔术到2007年8月在美国巡演十场，他走过了一段曲折非凡的道路。他曾经只身到印度求学，拜隐居于喜马拉雅山南麓的魔幻、瑜伽大师诺里加扎为师，苦学多年，博采精华，最终形成了自己的一套魔术艺术风格。他的作品在杂技的新、难、奇、美等方面独具特色，使魔术演出不再局限于舞台。他也善长表演高难度的大型魔术，由他创作表演的《炮打活人》《魔柜变十二仙》《舞台变飞机》等节目叫响全国，多件作品在全国获奖，其中《舞台变飞机》在2001年第一届全国魔术比赛中获得了银奖，《火箭穿人》分获江苏省第三届魔术大赛金奖和中国深圳国际魔术大赛银奖。此外，还被评为中国杂技协会第二届德艺双馨奖。在第二届中国杂技"金菊奖"比赛中，汪其魔表演的《变马、变羊、变飞机》以其大手笔、高难度获得了金奖，受到中国杂技家协会主席夏菊花等人的高度称赞。2010年7月6日－7日，魔术大师汪奇魔魔术专场演出会在北京长安大戏院隆重举行。他曾经参与过中央电视台《乡约》《百科探秘》《鲁豫有约》等节目录制。

灌南大地号称"魔术之乡"，先后举办过江苏省第五届魔术大赛、世界魔术交流大会暨第六届亚洲魔术比赛。明末清初，在新安镇、硕湖、六塘、陈集一带活动着一支杂技魔术马戏艺术团，后逐渐分离成杂技、魔术、马戏等团体，其中有赵晓东创建的马戏团，张小凤创建的歌舞杂技团，后来突起影响较大的便是连云港市奇魔魔术杂技团。80年代初，汪奇魔为了摆脱生活穷境便结识了几个同乡，召集了一些旧部杂技魔术艺人，合伙创立了连云港市奇魔魔魔术杂技团，并在当地

召收了二十多名艺人子女送外地学习，自己也向全国各地名师学艺，从此走进魔术神奇的殿堂。与魔术结缘。创造的杂技节目有：柔术、滚环、咬技、呼拉圈、独轮自行车、蹬人、转碟等。魔术有：《变飞机》《火箭穿人》《变鸽子》《钢针穿气球》《变扑克》《魔拒变九仙》《转人》《火技》《多剑穿身》《炮打活人》《大型魔术》《遁飞机》《美女变狗》《人头搬家》《火枪穿人》《男女换人》《变狗》《死亡逃脱》等。目前奇魔魔魔术杂技被列为连云港市首批非物质文化遗产名录。

汪奇魔，魔术界一位颇具传奇色彩的人物，他身上有一股"魔"劲，从普通的农民成长为国际魔术大师不是偶然的，"梅花香自苦寒来"，他成功的奥秘在于总是不满足，心里总有梦想，不把梦想实现就"吃不香、睡不着"，想方设法，动足了脑筋去试、去做。有时，他会为了一个更趋完美的细节而在半夜里十一二点爬起来演练，汪奇魔身上有一种理想主义者的色彩，他对魔术是由衷的喜爱与痴迷，为了创作精彩的作品，他宁愿赔上身家性命。正是他这股钻研的精神，使他的技艺日臻精湛。《魔拒变九仙》变成了《魔拒变十二仙》，凭其大型魔术《海上大变飞机》，打破了美国著名魔术大师大卫科波菲尔变15米飞机的吉尼斯世界记录，近几年他率魔术团曾出访美国、法国、新加坡、日本、德国等多个国家巡演，并于2007年8月，在美国巡演大型魔术10场。

作为一个民营演出团体的负责人，他同样有一套值得人们借鉴与思考的成功经验。在众多的文艺演出团体陷入困境，等着向国家要钱的时候，一无强大的演职员阵容，二无先进设备，不靠国家拨一分钱的演出团，现在每年的演出收入有三百多万，团里现有五十多名演职人员，还拥有数百万固定资产。杂技团的生存完全靠走市场演出的道路，这个市场在哪里呢？在广阔的农村与中小城镇。那些大团不愿意去的地方，条件差、开价低的地方。汪奇魔和他的团找准了自己的定位，把经营方向定在这个市场，找到了适合自身的发展之路。他们不怕吃苦，哪里有演出哪里就是家，他们的票价定得低，老百姓都能接受。节目编排上，团里摸准了观众的口味，节目特色明快活泼，为大家喜闻乐见，但绝不媚俗。由于反应良好，有口皆碑，他们团走到哪里都受欢迎。

李梅芳：灌南走出体坛明星

黄海之滨的一条大河，川流不息潮汐依旧，逐浪扬波蜿蜒入海。这就是被誉为苏北"黄浦江"的灌河。灌河西伸百里外育出二个"触角"，北去为义泽

河，南下是盐河。盐河西展十余里外为五河汇水处，古称"武障河"。位于"武障河"畔南侧，有一个拥有千余户人家的村庄，故名为武障河村。1979年8月，李梅芳这位国家体坛赛车女将就出生在这个古老、偏僻的村落。父亲李怀中、母亲王金荣均在家务农为生，家境贫寒。

1993年，李梅芳被启蒙教练陈海峰看中，到灌南体校练自行车。80天后，十五岁的李梅芳崭露头角，在江苏省自行车比赛中夺得自己的第一面金牌。随后李梅芳来到南京体院，八运会上夺得一面铜牌，九运会夺得女子24公里公路个人计时赛冠军。随后进入国家队，2001年6月份，李梅芳在秦皇岛举行的世界B级自行车女子17.5公里比赛中获得世界冠军，2002年釜山亚运会夺得女子24公里公路个人计时赛金牌，2003年，获得韩国亚洲自行车锦标赛女子公路24公里计时赛、女子场地3公里追逐赛个人、团体三项冠军；2004年，获得日本第24届亚洲自行车锦标赛女子公路计时赛、场地3公里追逐赛两项冠军，并获得世界锦标赛女子25公里公路记分赛第五；2005年，获得场地世界杯莫斯科站女子积分赛第四名和场地3公里个人追逐赛冠军；2004年，在日本举行的第24届亚洲自行车锦标赛上，她又囊括了女子20公里计时赛、场地3公里追逐赛两项冠军。同年，李梅芳还参加雅典奥运会25公里场地自行车计分赛。2005年10月，她在南京的十运会上获得女子自行车3公里场地个人追逐赛、120公里女子团体公路自行车记时赛2枚金牌。在十运会上成功卫冕冠军，成为江苏自行车队历史上第一位蝉联全运会金牌的选手。2006年12月5号李梅芳荣获多哈亚运会女子自行车3公里场地个人追逐赛金牌。2007年，获得场地世界杯英国站女子个人追逐赛第五名；荣获环崇明岛国际公路自行车赛分段赛总成绩冠军，这是中国车手第一次获得该项赛事的冠军，同年她获得世界公路自行车锦标赛计时赛第十名，获得了北京奥运会的参赛资格；2008年，李梅芳获得环崇明岛国际公路自行车赛计时赛和分段赛总成绩双料冠军。这些年李梅芳一共拿了二十多块全国比赛和国际比赛的金牌。

多年来，灌南县一手抓培训，一手抓输送，集中力量在自行车、拳击、竞走等优势体育项目上下功夫，共培育各类体育运动员220多人，向国家、省输送运动员22人，有6人被授予运动健将称号。近十年来，以李梅芳为代表的灌南籍运动员在国内外比赛中共获得金牌213枚，其中国家级金牌11枚。2001年11月，灌南籍运动员在全国九运会上获得了4金2银1铜的优异成绩。李梅芳是目前中国自行车主力队员中唯一参加过奥运会的车手，在女子公路个人赛和场地积分赛上具备一定的实力。曾经在2005年的世界杯赛上获得莫斯科站场地3公里个人追逐赛的冠军。

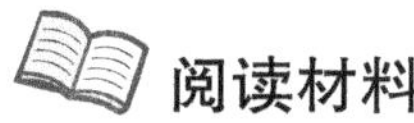 阅读材料

## 李梅芳的成长故事

自尊是她的天生的本分

李梅芳幼年正是农村生产队年代，她的父母同村里人一样整天靠默默劳动挣工分养家糊口，家庭经济比较拮据。小时的梅芳在父母的精心抚育下，长得既机灵又聪明，她出生刚刚4个多月就独自起身坐立，8个多月就能够自己独立行走。村里与她几个同龄的孩子中她第一位会跑步，先说话。幼年的李梅芳喜欢唱歌、跳舞，活泼可爱，村里人都夸她是个"小演员"，说这孩子长大了肯定有出息。

7岁那年，李梅芳被父亲带到村小学直接上了一年级（现为大周小学）。在学校，李梅芳不仅文化成绩在班级名列榜首，而且体操、跳舞、跑步等项目在年级竞赛中都是每项获奖。学校老师都说："这孩子自尊心强，头脑聪明灵活，要重点好好培养，将来定是个有才华的大学生。"

由于李梅芳在村小学每个科目成绩突出，1988年刚上四年级的李梅芳就被新安镇中心小学拔尖录取为优秀学生，作为重点培养对象。

镇中心小学离她家有10多里的路程，从四年级至六年级李梅芳从未让父母接送过一次，为了锻炼身体，她每天上学和放学回家都是坚持跑步，累了就走一走。有一次到了中午12点，母亲发现梅芳还没有回家，便到学校去找，在学校操场上，母亲看到梅芳正独自一人在练习投掷铅球，身上的衬衫已被汗水浸透。梅芳扑到母亲怀中说："妈妈，学校最近将举行体育运动会，我一定要争取拿冠军！"听着梅芳天真朴实的话语，母亲含泪给了她一番鼓励。

俗话说："可怜天下父母心。"为支持女儿练好本领参加学校体育竞赛，母亲每天早餐都要为梅芳煮上几个鸡蛋，然后偷偷地放进她的饭碗里，增加女儿

营养，而梅芳懂得关爱弟弟妹妹是做姐姐的美德，所以梅芳每次发现自己的碗里有了鸡蛋，总非得挟一些给弟妹，有时弟妹们不同意，鸡蛋就在饭桌上来回传递几个圈子。同时，她更懂得全家人对她在学业上的一片期望，在她温暖的家庭，父母关心、弟妹鼓励给了梅芳一股无穷的力量，她暗下决心，一定要把自己锻炼成才。

付出的汗水必有收获。李梅芳坚持刻苦训练，体育成绩不断进步，在新安中心小学举办的第六届运动会上，她参加的女子1千米长跑、跳高、跳远、铅球投掷等项目比赛成绩全部名列第一。

在新安中心小学她还多次参加了市、县举办的中小学生体育竞赛，屡次获得长跑、乒乓球、羽毛球等比赛项目冠军。

### 刻苦是她进步的摇篮

1991年李梅芳升入灌南县第四中学。在学校，她一方面刻苦学习功课，另一方面挤时间进行体育锻炼。她还应邀在每周末到淮安体育学校参加自行车训练。那个年月梅芳的家庭生活非常困窘，父亲在盐河码头上当装卸工，母亲在家培育些蔬菜，每年的家庭收入仅有三四千元，家中的弟弟、妹妹都在上学，每年负的外债都在四千多元。为了节省开支，李梅芳每次去淮安训练都是骑着自行车，单程90多公里，她骑上车仅需几个小时就到达学校。学校老师和同学被她的毅力和吃苦精神所感动，称她是一名骑车的"飞毛腿"。

从那时起，李梅芳对自行车有一中独特的爱好，每天早、晚，无论怎样繁忙她都要骑上自行车沿县城周围的道路跑过一圈，锻炼自己的骑车技能。功夫不负有心人，1992年李梅芳在参加江苏省举办的运动员自行车比赛中一举夺得冠军，领回了金牌。

李梅芳在中学经过三年的勤学苦练，使她掌握了自行车的物理性能，速度快慢调控等多项技巧，成为全县体育赛车项目的佼佼者。

1994年，李梅芳中学毕业后，她以优异成绩考取了江苏省体育学院。

### 拼搏是她登峰的云梯

人的一生在于拼搏。李梅芳进入省体育学院，在体坛事业上有了用武之地，在训练中，她对教练布置的每项操练任务全部做到以优秀为标准，不达标不罢休。有时遇到特殊的难题，她就坚持日夜苦练。在训练场，她夏季不怕炎热酷暑、蚊叮虫咬；冬季顶住寒风刺骨，每年她训练的各种成绩都是以满分汇报学院领导。在学院多次组织的赴长春、沈阳、济南、秦皇岛等地参加女子自行车计时比赛中，先后获得金牌、银牌10多枚。

由于李梅芳成绩优异，表现特出，曾多次受到学院的嘉奖。1998年她光荣地加入了中国共产党。

李梅芳在省体育学院五年的学习生涯，练成了她从事赛车项目的实战本领，更练就了她永不满足，奋勇争先的坚强意志。那时她在学院的第一个目标就是，毕业后能参加在韩国举办的第14届亚运会，登上领奖台为祖国争夺金牌。

梅花香自苦寒来。李梅芳出色的赛车成绩得到了国家体委的充分肯定。2002年初她光荣地被选拔为在韩国举办的第14届亚洲运动会赛车项目的一名运动员。

在亚运会场，李梅芳面对众多国家的自行车赛车手，她沉着应战，一丝不苟。在与日本、韩国、越南、菲律宾等国的20名选手角逐中，她打破24公里计时赛世界纪录，获得了女子赛冠军。当场内奏响雄壮的中华人民共和国国歌，五星红旗冉冉升起的时刻，她激动地流下了热泪。那时刻，因为她知道全国人民都在为她祝贺，家乡的父老乡亲为她骄傲。

奉献是她执着的追求

李梅芳是一位事业心极强的人。多年来，她面对获得的成绩和荣誉从不满足，而是将这些成绩转化为动力和压力。她坚持刻苦锻炼，不断总结成功的经验，以求掌握更优更强的本领。自2000年李梅芳从江苏省体育学院毕业后，她进入国家队已先后参加了美国、德国、澳大利亚、意大利和俄罗斯等国家举办的国际赛车项目比赛，捧回金牌、银牌20多枚，现已成为我国体坛赛车有名的一位标兵。2000年以来，李梅芳还先后参加了我国举办的第八、第九、第十届全国运动会，每次都获得赛车项目冠军。

## 8.2　海西休闲旅游

海西公园

海西公园位于灌南县城新城区，占地约102亩。公园在规划建设上，以我

县悠久的海西古国文化为依托，突出人与自然、历史与现实的和谐统一，围绕中国地图形状的湖面，修建一岛一楼一雕塑、二桥三亭两广场等景点，遍植大型银杏、香樟等优质树木 2000 余株。该公园已被评为国家 AA 级景区，是市民休闲娱乐的良好场所。

### 二郎神文化遗迹公园

二郎神文化遗址公园坐落于江苏省灌南县城北 1 公里处的五龙口，地处五河交汇处的灌河河口。作为灌南县新兴的旅游项目景点，灌南人民充分利用《西游记》《二郎神》战略资源，总投资 1.2 亿元，开发用地 395 亩、建筑面积 1.6 万平方米。

该园的建成是灌南为实现地区文化继承和旅游开发而实施的重要举措。2014 年 5 月 5 日，该园成功获批国家 4A 旅游景区。现已成为国内二郎神文化传承展示基地，也是苏北鲁南地区最大的道教场所，更是"淮海西游文化旅游圈"的重要景区。其中斩蛟台建筑面积共 1072 平方米，台基共分为两层，每层高 1.5 米，台面铺设以二郎神斩蛟龙为主题的故事版画，并以浮雕形式刻于台面周边，其地理位置险要，西邻五龙口，是观赏五龙聚首湿地风光的绝佳之处。斩蛟台按照八卦的原理设计建造，共有 8 个边，为两层建筑，台上将设置二郎神斩蛟的大型画面，充分展示传说中二郎神英勇善战，除暴安良的精神风貌。

二郎神文化遗址公园追寻形神兼备的二郎真君、四大名著之一《西游记》及作者的故里，据考证二郎神驻守的灌江口就是如今的灌南县境内的灌河口。公园以仿唐古建筑为特色，以弘扬"孝"文化为主题，以湿地保护、休闲游乐、生态体验为重点，将二郎神与灌南的文化串连成肉眼可见的真实景区，吸引了四面八方满怀好奇的游客前来探寻，而灌河沿岸

世代相传的许多二郎神奇闻故事，则成为人们游览之余津津乐道的话题。

### 灌南现代农业示范园

现代农业示范园位于县城东侧，是全省五大外向型园区之一，规划面积一万亩。园区主要发展花卉苗木、良种繁育、食用菌三个高效农业板块和高新技术孵化、农产品精深加工、农产农用品流通三大农业龙头企业，充分体现了"农业当作工业抓，园区当作城市建"的发展思路，全力打造全国一流的集"科技进步、生态示范、休闲旅游"于一体的发展标志型农业园区，全面发挥现代农业生产、生活、生态和服务等四大功能。现已建成14个重点项目，累计到位资金10多亿元，主要包括高档花卉苗木、航天育种、设施蔬菜、食用菌业、蜗牛养殖、九天鹅业等。

走进园区，可观赏蝴蝶兰、凤梨、君子兰等十几种名贵花卉及多种彩叶苗木；参观航天育种及传统农耕文化，感悟现代农业；留连瓜田李下，参与果树花木的培训、浇灌，分享采购、捕鲜之乐；间或品尝一杯现采现泡、香气四溢、沁人心脾的香草茶，令人疲乏顿消；一年一度的世界鸽王大赛，让信鸽爱好者心驰神往。

目前，该园区已被评为全国农业旅游示范点。为进一步发展园区旅游，设立了园区旅游局，成立了旅游发展公司及旅行社，新建了集商住、餐饮、健身、洗浴、娱乐、网球等功能为一体的游客接待中心，配备了观光游览车，旅游设施完备，自成系统。

### 同兴农业生态园

同兴农业生态园位于李集乡同兴村，规划面积1000亩，一期建设600亩，总投资5000万元，以"春赏百花夏纳凉，秋品百果冬休闲"的设计理念，重点建设苗圃园、采摘园、观赏园、生态鸡场、垂钓中心、拓展训练基地、餐饮娱乐中心等。该生态园于2009年8月动工兴建，现一期工程已基本完成，苗圃园有花木近20万株，采摘园有各种果树4000多株，观赏园有观赏树木50余种，生态鸡场散养草鸡2000余只，人工湖及互通沟渠内已投放鱼苗2万余尾，园内基础设施配套齐全，已初步具备接待游客条件。我县是传统的农业县，农林生态保护良好，乡村旅游资源丰富。近几年，我县在新农村建设过程中，把整合资源发展乡村旅游，作为调整农业产业结构的重要抓手，相继建成了幸福林海、现代农业示范区、振华农庄、兴旺葡萄园等多个乡村旅游点，同兴农业生态园的建成开放，使我县乡村旅游再添一景。

### 新沂河农家乐园

新沂河农家乐园位于田楼乡境内、沂南河南侧，占地800亩，其中水域面积约500亩，总投资1200万元，是集休闲垂钓、瓜果采摘、游园观景、会务餐饮于一体的乡村旅游点，已建成投运，目前生意红火。

### 李集的幸福林海

"幸福林海"位于灌南县西北部，由南林大专家专门进行设计，规划建设总面积15万亩，包括汤沟、孟兴庄、李集三乡镇全部及新镇部分地区。其核心区位于李集乡境内北六塘河两侧，是全省知名、全市最大的杨木资源基地，面积1万多亩，拥有优质杨树30余万株，活立木蓄积量3万多立方米。规划修建湿地休闲、民俗展示、林海游览、果蔬采摘、农家乐园五大功能区，分建林间漫步、荷塘月色、休闲垂钓、水上游览、林海品茗、吊桥秋千、树木认养、农事体验、农家饭馆、民艺表演、畜牧放养、野外烘烤等休闲性、参与性子项目20余个，着力打造农林生态休闲旅游品牌，实现林业与旅游业的完美对接。

"幸福林海"被誉为天然氧吧。一条在林木中逶迤延伸的水泥路，路两侧是青翠鲜绿的草地，点缀着一些七角菜艳丽的花和狗尾巴草银白银白的穗条儿，偶尔还会有成对的蝴蝶和低飞的蜻蜓穿梭其中。透过树木与树木之间斑驳的缝隙，可以看见林外金黄金黄的麦田，在阳光下生机勃勃地昂然挺立。还有大片大片被麦田隔断的河流，形成一个一个形状诡异的池塘，安静得像一个一个熟睡的孩子。风轻轻地吹着，像是怕惊醒了谁的幸福，却绝对让你感觉到柔爽清凉。新鲜的空气纯的不含一点杂质，甚至连丝丝的青草味、泥土味甚至是花香，都不会让你感觉到。

### 灌南人民革命纪念馆

灌南人民革命纪念馆为国家 AAA 级景区，其前身是灌南县烈士陵园，地处县城东部，始建于 1959 年，2005 年改扩建，总占地约 57600 平方米。他由英雄广场、解放新安镇烈士冢、吴书烈士纪念亭、汤曙红烈士纪念亭、灌南人民革命纪念馆等景点组成。

纪念馆占地面积 1500 余平方米，其中建筑面积 860 平方米，是集学习、教育、陈列于一体的综合性纪念场所。纪念馆设 9 个展厅，陈列着从山东、辽宁、吉林、上海、浙江、安徽、青海、湖南、湖北、北京、内蒙古等十多个省市自治区、直辖市征集来的各种珍贵图片资料 2800 多张、实物 318 件，集中展示 1928 年至 1949 年期间灌南人民革命斗争的壮丽画卷和 1208 名革命先驱的丰

功伟绩以及灌南人民杰出代表惠浴宇、周惠、芮杏文等老前辈的革命生涯和光辉业绩。纪念馆外观采用仿古建筑，体现古典美与现代美的完美结合。新建的革命烈士纪念馆溢彩流光、庄严肃穆，已成为灌南人民祭悼革命先烈、瞻仰革命前辈的爱国主义教育基地。

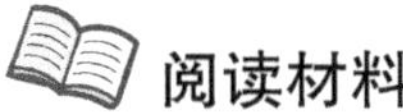 阅读材料

## 二郎神文化遗迹公园赋①

盖西游文化倬发掘乃至弘扬，洵吴氏承恩之功也。然尽显地缘风采，怀抱其灿者，唯连云港市连云区和灌南县两地也。何哉？其一，花果山文化在连云焉；其二，二郎神文化在灌南焉。且二者隔灌云大伊山相视成一线，可谓风光无限也。去灌南县城北十来里，乃二郎神文化遗址公园所在地。每值春日，游客不绝，尽享游览之娱也。余自小迷神道，崇佛理，故常至。乙未年四月初，携全家又幸临兹园，感其环境优美、道气浓郁，不禁遥襟畅怀，遂缀句成篇，以抒欢愉之情。其辞曰：

胜地灌南，红日秀缛；福家宝地，五龙①惊澜。昔承恩采风之陬，地拔耸构；往二郎筑坝之迹，天肇飞檐。观宇巍巍，览八极之淑景；奇园阔阔，借百亩之灵源。道气弥纶②三界，虹光灿煊九寰。三阁③重地，自古历史辉煌；九庙④边缘，从来金光璀璨。是以美赞斯园：雅致静谧，足享天然之娱；庄严幽宁，可逢羽化之仙。噫嘻，"璨璨西游不朽，煌煌大道无边"，唯吾二郎神文化遗迹公园者，乃海西之华章，蓬莱之圣境也！

### 景境幽幽，其美也！

至于涉园揽胜，唯见奇木菀菀⑤，翠竹潇潇。徜徉幽径，鸟声婉然自得；驻首美圃，花气绵分飘摇。一路香彩，春色倩倩；满目野景，翠烟脩脩⑥。风描芍药姿韵，莺歌燕舞；趣享海棠妖娆，雀闹蜂聊。踏柳问青，凭栏迷新路；叩石长歌，兴怀循短桥。清波漾漾，湖色泛紫彩；藻荇摇摇，鲰群望青桃。岂是神话，司水神台⑦唤天阙；绝非人间，战神码头⑧请地獒。妙道⑨清静，轻拂尘土；清源⑩婉雅，款待朋曹。斩蛟龙台⑪，八卦台望北斗；亲水广场，莲花臂揽南潮。嘻吁，人间之仙境，令人兔藻⑫；圣地之美景，足以咏骚。

### 道风煌煌，其邃也！

若夫环宇廊清，择吉求道；景气澄霁，祈福乐天。情为牌楼宕越，心升敬意；目显道门巍然，宇降平安。钟楼鼓楼涵响，戏柱香柱抱烜。献殿含威，赤城昭惠；二郎逞武，显化无边。本土文化展览，意义久远；灌河上古传说，人文斑斓。开化儒家世界，风光瑰丽；港城道教中心，景气蔚然。其道纯也：真君殿、文昌殿，殿殿智慧；忠孝篇、伦理篇，篇篇星环。其理深也：利人即以

---

①http://www.cifuchina.com/2015/0701/3947.shtml

利己，积功利德；度己本为度人，阐教结缘。其义恒也：大理偕八德同流，道儒合作；达变与经常并重，奇正相圆。嘻吁，外容物质兮，无需逐末[13]；内化身心兮，切莫空谈！美园长青兮，道传千载；神迹永驻兮，德抱万年。

## 孝阁岩岩，其壮也！

天下胜景，孝阁名重；海国高标，瑶宇气崇。承日月之灵慧，禀乾坤之威猛。南震百河，神凝霄汉；北齐众山，气撼鬼雄。巍巍神宇，携城邑相抱；壮壮景观，任瑞祥交融。两层台基，鼎助仙楼见云；四重阔闳，飘来皓月抱琼。望斗拱戏霞彩，看琉璃喷霓虹。鸿雁绕檐，喜惊舸满水道；戏鸟秀丛，欢叫楫乘津风。梅圃初放，阁道弥香；宝花又开，璧栏绽红。孝图篇篇，句句育义；真理闪闪，章章敲钟。二郎恩降奥府，斯地福远；神迹篇留千秋，宏阁道隆。真神在上，八闳朝仰；福祉无边，四海兴浓。嘻吁，孝阁任敬仰兮，目尽华浦；景观足涵抱兮，心飞游龙。

观夫二郎文化，灌南独有；人间美景，尽存于兹。乐哉！洋乎！故驻足放怀，赋写千行；得幸游览，胸开万里。解自然之真谛，方有大悟；度人世之津迷，可识菩提。道佛原本无界，智者可遇；仙鬼也含真情，卑者见思。赏小景开大界，登高处拜天仪。试问：忠孝能否两全？唯知：富贫不失一志！佳苑名扬，赖神天之庇护；匹夫志远，依造化之潜移。失道于黎民，神鞭雷策；留名于后世，水清日熹。故不揣梼昧[14]，缀长辞而抒怀，铺短韵而歌世。乃曰：

五龙潺潺兮地起佳园，高标耸构兮令人眷恋。

瞻谒庭宇兮金光灿烂，人间福地兮真君召唤。

海西美景兮处处娇艳，情怀荡越兮又见尧天。

神话流传兮代代年年，茂功伟绩兮黎元腾欢。

天降祥瑞兮福祉绵绵，宏休永存兮大道无边。

人民幸福兮稳如石磬，美疆乐土兮生态灌南！

**【注释】**

①五龙，俗称五龙河。县内盐河与义泽河、龙沟河、武障河等河交汇处乃二郎神文化遗迹公园所在地。②弥纶，笼盖。③三阁，指儒释道。④九庙，灌南县新安镇历史上庙宇众多，素有"九庙十八庵"之称。⑤菀菀，茂盛状。⑥翛翛，烟散状。⑦⑧司水神台、战胜码头为景点。⑨⑩妙道亭和清源亭为景

点。⑪蛟龙台和亲水广场为景点。⑫凫藻，和悦貌。⑬指道家文化和儒家融合，不需要分出枝末。⑮自谦辞，无比冒昧。

附：搜索指南

为了同学们更好地了解灌南的历史文化，特提供如下资料和链接：

《二郎故里传说》《灌南年鉴》《灌南县志》《灌南文化史鉴》（卜星光著）

灌南县政府网 http://www.gaomi.gov.cn/

灌南百科 http://baike.baidu.com/view/119360.htm

灌南在线 http://www.guannan.gov.cn/

二郎神旅游网 http://www.erlangshen.org.cn/

灌南史志网 http://www.gnrmszw.com/

灌南贴吧 http://tieba.baidu.com/p/932584966?pid=10226161504&cid=0

http://tieba.baidu.com/p/860978654（从民俗文化的视角诠释灌南二郎神文化的内涵）

 **探索与思考**

1. 列举现代灌南主打五张文化名片的内容，探究在构建和谐小康生活中五张名片与二郎神文化的联系。

2. 开展对我县体坛明星世界冠军李梅芳成长足迹的考查活动，认识身边榜样平凡的成长经历和不平凡的人生。

 **出谋划策**

就灌南城市的建设规划谈谈个人的意见和建议，我们能为建设现代文化名城贡献什么？

 **看看猜猜**

如今的灌南城市乡村面貌日新月异，休闲娱乐好去处比较多，欣赏浏览一些县城图片，你能够准确指出是哪里的场景吗？每个人从自己身边寻找能代表家乡的场景拍摄下来与大家分享。

www.ingramcontent.com/pod-product-compliance
Lightning Source LLC
LaVergne TN
LVHW071523180726

843512LV00014B/1148